Translated Language Learning

Siddhartha
Сіддхартха

- **An Indian Novel**
- Індійський роман

Hermann Hesse

English / Українська

Copyright © 2022 Tranzlaty
All rights reserved
Published by Tranzlaty
Siddhartha - An Indian Novel
Сіддхартха - Індійський роман
ISBN: 978-1-83566-101-7
Original text by Hermann Hesse
First published in German in 1922
www.tranzlaty.com

Part One - Частина перша
***

- 1. **The Son of the Brahman** Син Брахмана
- 23. **With the Samanas** З саманами
- 48. **Gotama** Готама
- 72. **Awakening** Пробудження

Part Two - Частина друга
***

- 83. **Kamala** Камала
- 117. **With the Childlike People** З дитячими людьми
- 139. **Sansara** Сансара
- 163. **By the River** Біля річки
- 194. **The Ferryman** Паромщик
- 227. **The Son** Син
- 252. **Om** Ом
- 270. **Govinda** Говінда

Part One - Частина перша

***

The Son of the Brahman
Син Брахмана

In the shade of the house
У тіні будинку
in the sunshine of the riverbank, near the boats
На сонці берега річки, біля човнів
in the shade of the Sal-wood forest
в тіні лісу Сал-вуд
in the shade of the fig tree
в тіні фігового дерева
this is where Siddhartha grew up
саме тут виріс Сіддхартха
he was the handsome son of a Brahman, the young falcon
він був гарним сином брахмана, молодого сокола
he grew up with his friend Govinda
він виріс зі своїм другом Говіндою
Govinda was also the son of a Brahman
Говінда також був сином брахмана
by the banks of the river the sun tanned his light shoulders
Біля берегів річки сонце засмагло його світлі плечі
bathing, performing the sacred ablutions, making sacred offerings
купання, здійснення священних обмивань, принесення священних підношень
In the mango garden, shade poured into his black eyes
У манговому саду тінь лилася в його чорні очі
when playing as a boy, when his mother sang
Коли грав хлопчиком, коли співала його мати
when the sacred offerings were made
Коли приносили священні жертви
when his father, the scholar, taught him
коли його навчав батько, вчений
when the wise men talked
Коли мудреці розмовляли

For a long time, Siddhartha had been partaking in the discussions of the wise men
Довгий час Сіддхартха брав участь в обговореннях мудреців
he practiced debating with Govinda
він практикував дебати з Говіндою
he practiced the art of reflection with Govinda
він практикував мистецтво відображення з Говіндою
and he practiced meditation
і він практикував медитацію
He already knew how to speak the Om silently
Він уже вмів мовчки говорити Ом
he knew the word of words
Він знав слово слів
he spoke it silently into himself while inhaling
Він мовчки промовив це в себе, вдихаючи
he spoke it silently out of himself while exhaling
Він мовчки вимовив це з себе, видихаючи
he did this with all the concentration of his soul
Він робив це з усією зосередженістю своєї душі
his forehead was surrounded by the glow of the clear-thinking spirit
Його лоб був оточений сяйвом ясномислячого духу
He already knew how to feel Atman in the depths of his being
Він уже вмів відчувати Атмана в глибині свого єства
he could feel the indestructible
Він міг відчувати незнищенне
he knew what it was to be at one with the universe
Він знав, що означає бути єдиним цілим із Всесвітом
Joy leapt in his father's heart
Радість стрибнула в серце його батька
because his son who was quick to learn
тому що його син, який швидко вчився
he was thirsty for knowledge
Він був спраглий знань
his father could see him growing up to become a great wise

man
Його батько бачив, як він виріс, щоб стати великим мудрецем
he could see him becoming a priest
Він бачив, як він стає священиком
he could see him becoming a prince among the Brahmans
він бачив, як він стає князем серед брахманів
Bliss leapt in his mother's breast when she saw him walking
Блаженство стрибнуло в грудях матері, коли вона побачила, як він іде
Bliss leapt in her heart when she saw him sit down and get up
Блаженство стрибнуло в її серці, коли вона побачила, як він сів і встав
Siddhartha was strong and handsome
Сіддхартха був сильним і красивим
he, who was walking on slender legs
той, хто ходив на струнких ногах
he greeted her with perfect respect
Він привітав її з великою повагою
Love touched the hearts of the Brahmans' young daughters
Любов торкнулася сердець маленьких дочок брахманів
they were charmed when Siddhartha walked through the lanes of the town
вони були зачаровані, коли Сіддхартха йшов по провулках міста
his luminous forehead, his eyes of a king, his slim hips
Його світиться лоб, його очі короля, його стрункі стегна
But most of all he was loved by Govinda
Але найбільше його любила Говінда
Govinda, his friend, the son of a Brahman
Говінда, його друг, син брахмана
He loved Siddhartha's eye and sweet voice
Він любив око Сіддхартхи і солодкий голос
he loved the way he walked
Йому подобалося, як він ходив
and he loved the perfect decency of his movements

І він любив досконалу пристойність своїх рухів
he loved everything Siddhartha did and said
він любив все, що робив і говорив Сіддхартха
but what he loved most was his spirit
Але найбільше він любив свій дух
he loved his transcendent, fiery thoughts
Він любив свої трансцендентні, полум'яні думки
he loved his ardent will and high calling
Він любив свою палку волю і високе покликання
Govinda knew he would not become a common Brahman
Говінда знав, що він не стане звичайним брахманом
no, he would not become a lazy official
Ні, ледачим чиновником він би не став
no, he would not become a greedy merchant
Ні, він не став би жадібним торговцем
not a vain, vacuous speaker
Не марнославний, порожній оратор
nor a mean, deceitful priest
ні підлий, брехливий священик
and also would not become a decent, stupid sheep
а також не стала б порядною, дурною вівцею
a sheep in the herd of the many
вівця в стаді багатьох
and he did not want to become one of those things
І він не хотів ставати одним з таких
he did not want to be one of those tens of thousands of Brahmans
він не хотів бути одним з тих десятків тисяч брахманів
He wanted to follow Siddhartha, the beloved, the splendid
Він хотів піти за Сіддхартхою, коханою, чудовою
in days to come, when Siddhartha would become a god, he would be there
у найближчі дні, коли Сіддхартха стане богом, він буде там
when he would join the glorious, he would be there
Коли він приєднається до славних, він буде там
Govinda wanted to follow him as his friend
Говінда хотів піти за ним як за своїм другом

he was his companion and his servant
Він був його напарником і слугою
he was his spear-carrier and his shadow
Він був його носієм списа і його тінню
Siddhartha was loved by everyone
Сіддхартху любили всі
He was a source of joy for everybody
Він був джерелом радості для всіх
he was a delight for them all
Він був захопленням для всіх них
But he, Siddhartha, was not a source of joy for himself
Але він, Сіддхартха, не був джерелом радості для себе
he found no delight in himself
Він не знайшов у собі захвату
he walked the rosy paths of the fig tree garden
Він ходив рум'яними стежками саду фігових дерев
he sat in the bluish shade in the garden of contemplation
Він сидів у блакитній тіні в саду споглядання
he washed his limbs daily in the bath of repentance
Він щодня мив кінцівки у ванні покаяння
he made sacrifices in the dim shade of the mango forest
Він приносив жертви в тьмяній тіні мангового лісу
his gestures were of perfect decency
Його жести були досконалої пристойності
he was everyone's love and joy
Він був любов'ю і радістю кожного
but he still lacked all joy in his heart
Але йому все ще не вистачало всякої радості в серці
Dreams and restless thoughts came into his mind
Сни і неспокійні думки приходили йому в голову
his dreams flowed from the water of the river
Його сни витікали з води річки
his dreams sparked from the stars of the night
Його сни іскрилися від зірок ночі
his dreams melted from the beams of the sun
Його мрії розтанули від променів сонця
dreams came to him, and a restlessness of the soul came to

him
До нього приходили сни, і до нього приходив неспокій душі
his soul was fuming from the sacrifices
Його душа диміла від жертвоприношень
he breathed forth from the verses of the Rig-Veda
він дихав з віршів Рігведи
the verses were infused into him, drop by drop
Вірші вливалися в нього, крапля за краплею
the verses from the teachings of the old Brahmans
вірші з вчення старих брахманів
Siddhartha had started to nurse discontent in himself
Сіддхартха почав плекати невдоволення в собі
he had started to feel doubt about the love of his father
Він почав сумніватися в любові свого батька
he doubted the love of his mother
Він сумнівався в любові матері
and he doubted the love of his friend, Govinda
і він сумнівався в коханні свого друга Говінди
he doubted if their love could bring him joy for ever and ever
Він сумнівався, що їхня любов може принести йому радість на віки вічні;
their love could not nurse him
Їхня любов не могла няньчити його
their love could not feed him
Їхня любов не могла його прогодувати
their love could not satisfy him
Їхня любов не могла його задовольнити
he had started to suspect his father's teachings
Він почав підозрювати вчення свого батька
perhaps he had shown him everything he knew
Можливо, він показав йому все, що знав
there were his other teachers, the wise Brahmans
були й інші його вчителі, мудрі брахмани
perhaps they had already revealed to him the best of their wisdom

Можливо, вони вже відкрили йому найкраще зі своєї мудрості
he feared that they had already filled his expecting vessel
Він боявся, що вони вже наповнили його очікуване судно
despite the richness of their teachings, the vessel was not full
Незважаючи на багатство їх вчення, посудина не була переповнена
the spirit was not content
Дух не був задоволений
the soul was not calm
Душа не заспокоїлася
the heart was not satisfied
серце не було задоволене
the ablutions were good, but they were water
Обмивання були хороші, але це була вода
the ablutions did not wash off the sin
обмивання не змило гріх
they did not heal the spirit's thirst
Вони не зцілили спрагу Духа
they did not relieve the fear in his heart
Вони не зняли страху в його серці
The sacrifices and the invocation of the gods were excellent
Жертвоприношення і заклик богів були чудовими
but was that all there was?
Але чи все це було?
did the sacrifices give a happy fortune?
Чи принесли жертви щасливе щастя?
and what about the gods?
А як щодо богів?
Was it really Prajapati who had created the world?
Чи справді Праджапаті створив світ?
Was it not the Atman who had created the world?
Хіба не Атман створив світ?
Atman, the only one, the singular one
Атман, єдиний, єдиний
Were the gods not creations?

Хіба боги не були творіннями?
were they not created like me and you?
Хіба вони не були створені такими, як ми з вами?
were the Gods not subject to time?
хіба Боги не підкорялися часу?
were the Gods mortal? Was it good?
чи були боги смертними? Чи було це добре?
was it right? was it meaningful?
Чи правильно це? Чи мало це сенс?
was it the highest occupation to make offerings to the gods?
Чи було найвищим заняттям приносити жертви богам?
For whom else were offerings to be made?
Для кого ще приносили жертви?
who else was to be worshipped?
Кому ще слід було поклонятися?
who else was there, but Him?
хто ще був там, як не Він?
The only one, the Atman
Єдиний, Атман
And where was Atman to be found?
І де був знайдений Атман?
where did He reside?
де Він перебував?
where did His eternal heart beat?
де билося Його вічне серце?
where else but in one's own self?
Де ще, як не в собі?
in its innermost indestructible part
у своїй внутрішній непорушній частині
could he be that which everyone had in himself?
Чи міг він бути тим, що кожен мав у собі?
But where was this self?
Але де це було сам?
where was this innermost part?
Де була ця найпотаємніша частина?
where was this ultimate part?
Де була ця кінцева частина?

It was not flesh and bone
Це не була плоть і кістки
it was neither thought nor consciousness
Це не було ні думкою, ні свідомістю
this is what the wisest ones taught
Цього навчали наймудріші
So where was it?
Так де ж це було?
the self, myself, the Atman
себе, себе, Атмана
To reach this place, there was another way
Дістатися до цього місця існував ще один спосіб
was this other way worth looking for?
Чи варто було шукати цей інший шлях?
Alas, nobody showed him this way
На жаль, так його ніхто не показував
nobody knew this other way
Інакше ніхто не знав
his father did not know it
Його батько цього не знав
and the teachers and wise men did not know it
А вчителі і мудреці цього не знали
They knew everything, the Brahmans
Вони знали все, брахмани
and their holy books knew everything
І їхні святі книги знали все
they had taken care of everything
Вони подбали про все
they took care of the creation of the world
Вони подбали про створення світу
they described origin of speech, food, inhaling, exhaling
Вони описували походження мови, їжі, вдиху, видиху
they described the arrangement of the senses
Вони описали розташування органів почуттів
they described the acts of the gods
Вони описували діяння богів
their books knew infinitely much

Їхні книги знали нескінченно багато
but was it valuable to know all of this?
Але чи було цінним знати все це?
was there not only one thing to be known?
Хіба не було відомо лише про одне?
was there still not the most important thing to know?
Чи було ще не найважливіше, що потрібно знати?
many verses of the holy books spoke of this innermost, ultimate thing
Багато віршів священних книг говорили про цю найпотаємнішу, найвищу річ
it was spoken of particularly in the Upanishades of Samaveda
про це говорили, зокрема, в Упані Самаведи
they were wonderful verses
Це були чудові вірші
"Your soul is the whole world", this was written there
«Твоя душа - весь світ», це там було написано
and it was written that man in deep sleep would meet with his innermost part
І було написано, що людина в глибокому сні зустрінеться зі своєю найпотаємнішою частиною
and he would reside in the Atman
і він житиме в Атмані
Marvellous wisdom was in these verses
Дивовижна мудрість була в цих віршах
all knowledge of the wisest ones had been collected here in magic words
Всі знання про наймудріших були зібрані тут чарівними словами
it was as pure as honey collected by bees
Він був чистий, як мед, зібраний бджолами
No, the verses were not to be looked down upon
Ні, на ці вірші не слід було дивитися зверхньо
they contained tremendous amounts of enlightenment
Вони містили величезну кількість просвітлення
they contained wisdom which lay collected and preserved

Вони містили мудрість, яка лежала зібрана і збережена
wisdom collected by innumerable generations of wise Brahmans
мудрість, зібрана незліченними поколіннями мудрих брахманів
But where were the Brahmans?
Але де були брахмани?
where were the priests?
Де були жерці?
where the wise men or penitents?
Де мудреці або каянники?
where were those that had succeeded?
Де були ті, кому це вдалося?
where were those who knew more than deepest of all knowledge?
Де були ті, хто знав більш ніж глибоке знання?
where were those that also lived out the enlightened wisdom?
Де були ті, що також жили просвітленою мудрістю?
Where was the knowledgeable one who brought Atman out of his sleep?
Де був обізнаний, який вивів Атмана зі сну?
who had brought it into the day?
Хто приніс це в той день?
who had taken it into their life?
Хто взяв це у своє життя?
who carried it with every step they took?
Хто ніс його з кожним кроком?
who had married their words with their deeds?
Хто поєднав їхні слова з їхніми справами?
Siddhartha knew many venerable Brahmans
Сіддхартха знав багатьох поважних брахманів
his father, the pure one
Його батько, Чистий
the scholar, the most venerable one
Вчений, найповажніший
His father was worthy of admiration

Його батько був гідний захоплення
quiet and noble were his manners
Тихими і благородними були його манери
pure was his life, wise were his words
Чистим було Його життя, мудрими були Його слова
delicate and noble thoughts lived behind his brow
За його бровою жили ніжні і благородні думки
but even though he knew so much, did he live in blissfulness?
Але хоч він і знав так багато, чи жив він у блаженстві?
despite all his knowledge, did he have peace?
Незважаючи на всі його знання, чи був у нього спокій?
was he not also just a searching man?
Хіба він також не був просто шукачем?
was he still not a thirsty man?
Хіба він все ще не був спраглою людиною?
Did he not have to drink from holy sources again and again?
Хіба йому не доводилося пити зі святих джерел знову і знову?
did he not drink from the offerings?
Хіба він не пив з підношень?
did he not drink from the books?
Хіба він не пив з книг?
did he not drink from the disputes of the Brahmans?
хіба він не пив з суперечок брахманів?
Why did he have to wash off sins every day?
Чому він повинен був змивати гріхи кожен день?
must he strive for a cleansing every day?
Чи повинен він прагнути до очищення кожен день?
over and over again, every day
знову і знову, кожен день
Was Atman not in him?
Чи не було Атмана в ньому?
did not the pristine source spring from his heart?
Хіба первозданне джерело не вийшло з його серця?
the pristine source had to be found in one's own self
Первозданне джерело треба було знайти в собі

the pristine source had to be possessed!
Первозданним джерелом треба було володіти!
doing anything else else was searching
Робити щось інше було пошуком
taking any other pass is a detour
Будь-який інший пропуск є об'їздом
going any other way leads to getting lost
Будь-який інший шлях призводить до того, щоб заблукати
These were Siddhartha's thoughts
Такими були думки Сіддхартхи
this was his thirst, and this was his suffering
Це була його спрага, і це були його страждання
Often he spoke to himself from a Chandogya-Upanishad:
Часто він говорив сам до себе з Чандог'я-Упанішада:
"Truly, the name of the Brahman is Satyam"
"Воістину, ім'я Брахмана - Сатьям"
"he who knows such a thing, will enter the heavenly world every day"
"Хто знає таке, той щодня входитиме в небесний світ"
Often the heavenly world seemed near
Часто небесний світ здавався близьким
but he had never reached the heavenly world completely
Але він ніколи не досягав небесного світу повністю
he had never quenched the ultimate thirst
Він ніколи не втамовував остаточної спраги
And among all the wise and wisest men, none had reached it
І серед усіх мудрих і наймудріших мужів ніхто не досяг цього
he received instructions from them
Він отримував від них настанови
but they hadn't completely reached the heavenly world
Але вони не досягли повністю небесного світу
they hadn't completely quenched their thirst
Вони не втамували спрагу повністю
because it is an eternal thirst
тому що це вічна спрага

"Govinda" Siddhartha spoke to his friend
— Говінда, — заговорив Сіддхартха зі своїм другом
"Govinda, my dear, come with me under the Banyan tree"
"Говінда, моя люба, йди зі мною під баньян"
"let's practise meditation"
«Давайте практикувати медитацію»
They went to the Banyan tree
Вони пішли до баньянового дерева
under the Banyan tree they sat down
під баньянським деревом вони сіли
Siddhartha was right here
Сіддхартха був саме тут
Govinda was twenty paces away
Говінда був за двадцять кроків від нього
Siddhartha seated himself and he repeated murmuring the verse
Сіддхартха сів і повторив, ремствуючи на вірш
Om is the bow, the arrow is the soul
Ом - лук, стріла - душа
The Brahman is the arrow's target
Брахман є метою стріли
the target that one should incessantly hit
мета, яку слід невпинно вражати
the usual time of the exercise in meditation had passed
Звичайний час вправи в медитації минув
Govinda got up, the evening had come
Говінда встав, настав вечір
it was time to perform the evening's ablution
Настав час виконати вечірнє обмивання
He called Siddhartha's name, but Siddhartha did not answer
Він назвав ім'я Сіддхартхи, але Сіддхартха не відповів
Siddhartha sat there, lost in thought
Сіддхартха сидів там, загубившись у думках
his eyes were rigidly focused towards a very distant target
Його очі були жорстко сфокусовані в бік дуже віддаленої мети
the tip of his tongue was protruding a little between the

teeth
кінчик його язика трохи стирчав між зубами
he seemed not to breathe
Здавалося, він не дихав
Thus sat he, wrapped up in contemplation
Так сидів він, закутавшись у споглядання
he was deep in thought of the Om
він був глибоко в думках про Ом
his soul sent after the Brahman like an arrow
його душа послана слідом за брахманом, як стріла
Once, Samanas had travelled through Siddhartha's town
Одного разу Саманас подорожував містом Сіддхартхи
they were ascetics on a pilgrimage
Вони були подвижниками в паломництві
three skinny, withered men, neither old nor young
троє худих, зів'ялих чоловіків, ні старих, ні молодих
dusty and bloody were their shoulders
Запорошені і закривавлені були їхні плечі
almost naked, scorched by the sun, surrounded by loneliness
майже голий, випалений сонцем, оточений самотністю
strangers and enemies to the world
чужинці і вороги світу
strangers and jackals in the realm of humans
Чужинці і шакали в царстві людей
Behind them blew a hot scent of quiet passion
За ними дув гарячий аромат тихої пристрасті
a scent of destructive service
запах руйнівної служби,
a scent of merciless self-denial
аромат нещадного самозречення,
the evening had come
Настав вечір
after the hour of contemplation, Siddhartha spoke to Govinda
після години роздумів Сіддхартха заговорив з Говіндою
"Early tomorrow morning, my friend, Siddhartha will go to

the Samanas"
"Завтра рано вранці, друже, Сіддхартха піде до Саман"
He will become a Samana"
"Він стане саманою"
Govinda turned pale when he heard these words
Говінда зблід, почувши ці слова
and he read the decision in the motionless face of his friend
І він прочитав рішення в нерухомому обличчі свого друга
it was unstoppable, like the arrow shot from the bow
Його не зупинити, як стріла, випущена з лука
Govinda realized at first glance; now it is beginning
Говінда зрозумів з першого погляду; Зараз вона починається
now Siddhartha is taking his own way
тепер Сіддхартха йде своїм шляхом
now his fate is beginning to sprout
Тепер його доля починає проростати
and because of Siddhartha, Govinda's fate is sprouting too
і через Сіддхартху доля Говінди також проростає
he turned pale like a dry banana-skin
Він зблід, як суха бананова шкірка
"Oh Siddhartha," he exclaimed
"О Сіддхартха", — вигукнув він
"will your father permit you to do that?"
"Чи дозволить тобі це зробити твій батько?"
Siddhartha looked over as if he was just waking up
Сіддхартха озирнувся так, ніби щойно прокинувся
like an Arrow he read Govinda's soul
як Стріла, він читав душу Говінди;
he could read the fear and the submission in him
Він міг читати страх і покірність у ньому
"Oh Govinda," he spoke quietly, "let's not waste words"
— О Говінда, — тихо промовив він, — не будемо марнувати слів.
"Tomorrow at daybreak I will begin the life of the Samanas"
"Завтра на світанку я почну життя саманів"
"let us speak no more of it"

"Давайте більше не будемо говорити про це"

Siddhartha entered the chamber where his father was sitting
Сіддхартха увійшов до палати, де сидів його батько
his father was was on a mat of bast
Його батько був на килимку з лубу
Siddhartha stepped behind his father
Сіддхартха відстав від батька
and he remained standing behind him
і він залишився стояти позаду нього
he stood until his father felt that someone was standing behind him
Він стояв, поки батько не відчув, що за ним хтось стоїть
Spoke the Brahman: "Is that you, Siddhartha?"
Говорив брахман: «Це ти, Сіддхартха?»
"Then say what you came to say"
"Тоді скажи те, що ти прийшов сказати"
Spoke Siddhartha: "With your permission, my father"
Говорив Сіддхартха: «З твого дозволу, мій батько»
"I came to tell you that it is my longing to leave your house tomorrow"
"Я прийшов, щоб сказати вам, що це моє бажання завтра покинути ваш дім"
"I wish to go to the ascetics"
«Бажаю йти до подвижників»
"My desire is to become a Samana"
"Моє бажання - стати саманою"
"May my father not oppose this"
«Нехай мій батько не противиться цьому»
The Brahman fell silent, and he remained so for long
Брахман замовк, і він залишався таким надовго
the stars in the small window wandered
Зірки в маленькому віконці блукали
and they changed their relative positions
і вони змінили свої відносні позиції
Silent and motionless stood the son with his arms folded
Мовчазний і нерухомий стояв син, склавши руки

silent and motionless sat the father on the mat
Мовчазний і нерухомий сидів батько на килимку
and the stars traced their paths in the sky
і зірки простежували свої шляхи на небі
Then spoke the father
Потім заговорив батько
"Not proper it is for a Brahman to speak harsh and angry words"
«Не личить брахману говорити різкі і гнівні слова»
"But indignation is in my heart"
«Але обурення в моєму серці»
"I wish not to hear this request for a second time"
«Я не хочу чути це прохання вдруге»
Slowly, the Brahman rose
Повільно піднімався брахман
Siddhartha stood silently, his arms folded
Сіддхартха стояв мовчки, склавши руки
"What are you waiting for?" asked the father
"Чого ти чекаєш?" - запитав батько
Spoke Siddhartha, "You know what I'm waiting for"
Промовив Сіддхартха: «Ти знаєш, чого я чекаю»
Indignant, the father left the chamber
Обурений батько вийшов з палати
indignant, he went to his bed and lay down
Обурений, він підійшов до свого ліжка і ліг
an hour passed, but no sleep had come over his eyes
Минула година, але на його очах не було сну
the Brahman stood up and he paced to and fro
Брахман підвівся і ходив туди-сюди
and he left the house in the night
І він вийшов з дому вночі
Through the small window of the chamber he looked back inside
Крізь маленьке віконце камери він озирнувся всередину
and there he saw Siddhartha standing
і там він побачив Сіддхартху, що стояв
his arms were folded and he had not moved from his spot

Його руки були складені, і він не рушив зі свого місця
Pale shimmered his bright robe
Блідий переливався своїм яскравим халатом
With anxiety in his heart, the father returned to his bed
З тривогою в серці батько повернувся до свого ліжка
another sleepless hour passed
Минула ще одна безсонна година
since no sleep had come over his eyes, the Brahman stood up again
оскільки на його очах не було сну, брахман знову підвівся
he paced to and fro, and he walked out of the house
Він ходив туди-сюди, і він вийшов з дому
and he saw that the moon had risen
І він побачив, що зійшов місяць
Through the window of the chamber he looked back inside
Через вікно палати він озирнувся всередину
there stood Siddhartha, unmoved from his spot
там стояв Сіддхартха, не рушаючи з місця
his arms were folded, as they had been
Його руки були складені, як і раніше
moonlight was reflecting from his bare shins
Місячне світло відбивалося від його голих гомілок
With worry in his heart, the father went back to bed
З тривогою в серці батько знову ліг спати
he came back after an hour
Він повернувся через годину
and he came back again after two hours
І він повернувся знову через дві години
he looked through the small window
Він заглянув у маленьке віконце
he saw Siddhartha standing in the moon light
він побачив Сіддхартху, що стояв у місячному світлі
he stood by the light of the stars in the darkness
Він стояв біля світла зірок у темряві
And he came back hour after hour
І він повертався година за годиною
silently, he looked into the chamber

Мовчки він заглянув у палату
he saw him standing in the same place
Він побачив його, що стояв на тому ж місці
it filled his heart with anger
Це сповнило його серце гнівом
it filled his heart with unrest
це сповнило його серце хвилюваннями
it filled his heart with anguish
Це сповнило його серце тугою
it filled his heart with sadness
Це сповнило його серце сумом
the night's last hour had come
Настала остання година ночі
his father returned and stepped into the room
Батько повернувся і увійшов до кімнати
he saw the young man standing there
Він побачив юнака, що стояв там
he seemed tall and like a stranger to him
Він здавався йому високим і схожим на чужу людину
"Siddhartha," he spoke, "what are you waiting for?"
"Сіддхартха, — сказав він, — чого ти чекаєш?"
"You know what I'm waiting for"
"Ти знаєш, чого я чекаю"
"Will you always stand that way and wait?
"Ти завжди будеш так стояти і чекати?
"I will always stand and wait"
«Я завжди буду стояти і чекати»
"will you wait until it becomes morning, noon, and evening?"
"Ти почекаєш, поки стане ранок, полудень і вечір?"
"I will wait until it become morning, noon, and evening"
"Я почекаю, поки стане ранок, полудень і вечір"
"You will become tired, Siddhartha"
"Ти втомишся, Сіддхартха"
"I will become tired"
«Я втомлюся»
"You will fall asleep, Siddhartha"

"Ти заснеш, Сіддхартха"
"I will not fall asleep"
«Я не засну»
"You will die, Siddhartha"
"Ти помреш, Сіддхартха"
"I will die," answered Siddhartha
— Я помру, — відповів Сіддхартха
"And would you rather die, than obey your father?"
"І ти краще помреш, ніж послухаєшся свого батька?"
"Siddhartha has always obeyed his father"
«Сіддхартха завжди слухався свого батька»
"So will you abandon your plan?"
- То ти відмовишся від свого плану?
"Siddhartha will do what his father will tell him to do"
«Сіддхартха зробить те, що йому скаже батько»
The first light of day shone into the room
Перше світло дня засяяло в кімнату
The Brahman saw that Siddhartha knees were softly trembling
Брахман побачив, що коліна Сіддхартхи тихо тремтять
In Siddhartha's face he saw no trembling
В обличчі Сіддхартхи він не побачив тремтіння
his eyes were fixed on a distant spot
Його погляд був нерухомий на далекому місці
This was when his father realized
Саме тоді його батько зрозумів
even now Siddhartha no longer dwelt with him in his home
навіть тепер Сіддхартха більше не жив з ним у своєму будинку
he saw that he had already left him
Він побачив, що вже покинув його
The Father touched Siddhartha's shoulder
Батько торкнувся плеча Сіддхартхи
"You will," he spoke, "go into the forest and be a Samana"
"Ти підеш, — сказав він, — підеш у ліс і будеш саманою"
"When you find blissfulness in the forest, come back"
"Коли знайдеш блаженство в лісі, повертайся"

"come back and teach me to be blissful"
"Повернися і навчи мене бути блаженним"
"If you find disappointment, then return"
«Якщо знайдеш розчарування, то повертайся»
"return and let us make offerings to the gods together, again"
"Повернімося і давайте знову разом приносити жертви богам"
"Go now and kiss your mother"
"Іди зараз і поцілуй свою маму"
"tell her where you are going"
«Скажи їй, куди ти йдеш»
"But for me it is time to go to the river"
«Але для мене пора йти до річки»
"it is my time to perform the first ablution"
"Настав мій час здійснити перше обмивання"
He took his hand from the shoulder of his son, and went outside
Він зняв руку з плеча сина і вийшов на вулицю
Siddhartha wavered to the side as he tried to walk
Сіддхартха хитнувся вбік, намагаючись пройти
He put his limbs back under control and bowed to his father
Він повернув кінцівки під контроль і вклонився батькові
he went to his mother to do as his father had said
Він пішов до матері, щоб зробити те, що сказав його батько
As he slowly left on stiff legs a shadow rose near the last hut
Коли він повільно йшов на твердих ногах, біля останньої хатини піднялася тінь
who had crouched there, and joined the pilgrim?
Хто присів і приєднався до паломника?
"Govinda, you have come" said Siddhartha and smiled
— Говінда, ти прийшов, — сказав Сіддхартха і посміхнувся
"I have come," said Govinda
— Я прийшов, — сказав Говінда

With the Samanas
З саманами

In the evening of this day they caught up with the ascetics
Увечері цього дня вони наздогнали подвижників
the ascetics; the skinny Samanas
подвижники; худі самани
they offered them their companionship and obedience
Вони запропонували їм своє напарництво і послух
Their companionship and obedience were accepted
Їхнє товариство і послух були прийняті
Siddhartha gave his garments to a poor Brahman in the street
Сіддхартха віддав свій одяг бідному брахману на вулиці
He wore nothing more than a loincloth and earth-coloured, unsown cloak
Він носив не що інше, як пов'язку на стегнах і незасіяний плащ земного кольору
He ate only once a day, and never anything cooked
Він їв лише раз на день, і ніколи нічого не готував
He fasted for fifteen days, he fasted for twenty-eight days
Він постився п'ятнадцять днів, він постився двадцять вісім днів
The flesh waned from his thighs and cheeks
Плоть зникла з його стегон і щік
Feverish dreams flickered from his enlarged eyes
Гарячкові сни мерехтіли з його збільшених очей
long nails grew slowly on his parched fingers
довгі нігті повільно росли на його пересохлих пальцях
and a dry, shaggy beard grew on his chin
а на підборідді виросла суха волохата борода
His glance turned to ice when he encountered women
Його погляд перетворився на лід, коли він зіткнувся з жінками
he walked through a city of nicely dressed people
Він прогулювався містом гарно одягнених людей
his mouth twitched with contempt for them

Його рот сіпнувся від презирства до них
He saw merchants trading and princes hunting
Він бачив, як торговці торгували, а князі полювали
he saw mourners wailing for their dead
Він бачив скорботних, які плакали за своїми померлими
and he saw whores offering themselves
І він побачив повій, які приносили себе в жертву
physicians trying to help the sick
Медики намагаються допомогти хворим
priests determining the most suitable day for seeding
Священики визначають найбільш підходящий день для посіву
lovers loving and mothers nursing their children
закохані люблячі і матері, які годують своїх дітей
and all of this was not worthy of one look from his eyes
І все це не варте одного погляду з його очей
it all lied, it all stank, it all stank of lies
Це все брехало, це все було скидно, це все було від брехні
it all pretended to be meaningful and joyful and beautiful
Все це прикидалося значущим, радісним і прекрасним
and it all was just concealed putrefaction
І все це було просто прихованим гниттям
the world tasted bitter; life was torture
світ гірчив на смак; Життя було тортурами

A single goal stood before Siddhartha
Єдиний гол стояв перед Сіддхартхою
his goal was to become empty
Його метою було стати порожнім
his goal was to be empty of thirst
Його метою було звільнитися від спраги
empty of wishing and empty of dreams
порожні від бажань і порожні від мрій
empty of joy and sorrow
порожні від радості і смутку
his goal was to be dead to himself
Його метою було бути мертвим для себе

his goal was not to be a self any more
Його метою було більше не бути самим собою
his goal was to find tranquillity with an emptied heart
Його метою було знайти спокій з порожнім серцем
his goal was to be open to miracles in unselfish thoughts
Його метою було бути відкритим на чудеса в безкорисливих думках
to achieve this was his goal
Досягти цього було його метою
when all of his self was overcome and had died
коли все його «я» було подолано і померло
when every desire and every urge was silent in the heart
коли кожне бажання і кожне бажання мовчало в серці
then the ultimate part of him had to awake
Тоді кінцева його частина повинна була прокинутися
the innermost of his being, which is no longer his self
найпотаємніше його єство, яке більше не є його «я»
this was the great secret
Це була велика таємниця

Silently, Siddhartha exposed himself to the burning rays of the sun
Мовчки Сіддхартха піддавався пекучим променям сонця
he was glowing with pain and he was glowing with thirst
Він світився від болю і світився від спраги
and he stood there until he neither felt pain nor thirst
і він стояв там, поки не відчув ні болю, ні спраги
Silently, he stood there in the rainy season
Мовчки він стояв там у сезон дощів
from his hair the water was dripping over freezing shoulders
З його волосся вода капала по замерзлих плечах
the water was dripping over his freezing hips and legs
Вода капала на його замерзлі стегна і ноги
and the penitent stood there
і каянник стояв там
he stood there until he could not feel the cold any more

Він стояв там, поки більше не відчував холоду
he stood there until his body was silent
Він стояв там, поки його тіло не замовкло
he stood there until his body was quiet
Він стояв там, поки його тіло не заспокоїлося
Silently, he cowered in the thorny bushes
Мовчки він задирався в колючих кущах
blood dripped from the burning skin
кров капала з палаючої шкіри,
blood dripped from festering wounds
кров капала з гнійних ран,
and Siddhartha stayed rigid and motionless
а Сіддхартха залишався твердим і нерухомим
he stood until no blood flowed any more
Він стояв, поки кров більше не текла
he stood until nothing stung any more
Він стояв, поки нічого більше не вжалило
he stood until nothing burned any more
Він стояв, поки більше нічого не горіло
Siddhartha sat upright and learned to breathe sparingly
Сіддхартха сидів вертикально і навчився дихати скупо
he learned to get along with few breaths
Він навчився ладнати з кількома вдихами
he learned to stop breathing
Він навчився переставати дихати
He learned, beginning with the breath, to calm the beating of his heart
Він навчився, починаючи з дихання, заспокоювати биття свого серця
he learned to reduce the beats of his heart
Він навчився зменшувати биття свого серця
he meditated until his heartbeats were only a few
Він медитував, поки його серцебиття не стало лише кількома
and then his heartbeats were almost none
І тоді його серцебиття майже не було
Instructed by the oldest of the Samanas, Siddhartha

practised self-denial
За настановами найстаршого з саманів, Сіддхартха практикував самозречення
he practised meditation, according to the new Samana rules
він практикував медитацію згідно з новими правилами Самани
A heron flew over the bamboo forest
Над бамбуковим лісом пролетіла чапля
Siddhartha accepted the heron into his soul
Сіддхартха прийняв чаплю в свою душу
he flew over forest and mountains
Він літав над лісом і горами
he was a heron, he ate fish
Він був чаплею, їв рибу
he felt the pangs of a heron's hunger
Він відчув муки голоду чаплі
he spoke the heron's croak
Він говорив каркання чаплі
he died a heron's death
Він помер смертю чаплі
A dead jackal was lying on the sandy bank
На піщаному березі лежав мертвий шакал
Siddhartha's soul slipped inside the body of the dead jackal
Душа Сіддхартхи прослизнула всередину тіла мертвого шакала
he was the dead jackal laying on the banks and bloated
Він був мертвим шакалом, що лежав на березі і роздутий
he stank and decayed and was dismembered by hyenas
Він розпався і згнив і був розчленований гієнами
he was skinned by vultures and turned into a skeleton
Він був знятий зі шкіри грифами і перетворений в скелет
he was turned to dust and blown across the fields
Його перетворили на порох і рознесло по полях
And Siddhartha's soul returned
І душа Сіддхартхи повернулася
it had died, decayed, and was scattered as dust
Вона померла, згнила і була розсіяна, як порох

it had tasted the gloomy intoxication of the cycle
Він відчув смак похмурого сп'яніння циклу
it awaited in new thirst like a hunter in the gap
Воно чекало в новій спразі, як мисливець у щілині
in the gap where he could escape from the cycle
в проміжку, куди він міг би втекти з циклу
in the gap where an eternity without suffering began
в прогалині, де почалася вічність без страждань
he killed his senses and his memory
Він убив свої почуття і пам'ять
he slipped out of his self into thousands of other forms
Він вислизнув зі свого «я» в тисячі інших форм
he was an animal, a carrion, a stone
Він був твариною, падлом, каменем
he was wood and water
Він був деревом і водою
and he awoke every time to find his old self again
І він прокидався щоразу, щоб знову знайти своє старе «я»
whether sun or moon, he was his self again
Будь то сонце чи місяць, він знову був самим собою
he turned round in the cycle
Він обернувся в циклі
he felt thirst, overcame the thirst, felt new thirst
Він відчував спрагу, подолав спрагу, відчував нову спрагу

Siddhartha learned a lot when he was with the Samanas
Сіддхартха багато чому навчився, коли був із саманами
he learned many ways leading away from the self
Він навчився багатьом способам, що ведуть від себе
he learned how to let go
Він навчився відпускати
He went the way of self-denial by means of pain
Він пішов шляхом самозречення за допомогою болю
he learned self-denial through voluntarily suffering and overcoming pain
Він навчився самозреченню через добровільні страждання і подолання болю

he overcame hunger, thirst, and tiredness
Він подолав голод, спрагу і втому
He went the way of self-denial by means of meditation
Він пішов шляхом самозречення за допомогою медитації
he went the way of self-denial through imagining the mind to be void of all conceptions
Він пройшов шлях самозречення, уявляючи, що розум позбавлений усіх концепцій
with these and other ways he learned to let go
Цими та іншими способами він навчився відпускати
a thousand times he left his self
тисячу разів він залишав себе;
for hours and days he remained in the non-self
годинами і днями він залишався в не-собі
all these ways led away from the self
Всі ці шляхи відводили від себе
but their path always led back to the self
Але їхній шлях завжди вів назад до себе
Siddhartha fled from the self a thousand times
Сіддхартха тисячу разів тікав від себе
but the return to the self was inevitable
Але повернення до себе було неминучим
although he stayed in nothingness, coming back was inevitable
Хоча він залишався в небутті, повернення було неминучим
although he stayed in animals and stones, coming back was inevitable
Хоча він залишався в тваринах і каменях, повернення було неминучим
he found himself in the sunshine or in the moonlight again
Він знову опинився на сонці або в місячному світлі
he found himself in the shade or in the rain again
Він знову опинився в тіні або під дощем
and he was once again his self; Siddhartha
і він знову став самим собою; Сіддхартха
and again he felt the agony of the cycle which had been forced upon him

і знову він відчув муки циклу, який був нав'язаний йому

by his side lived Govinda, his shadow
поруч з ним жив Говінда, його тінь
Govinda walked the same path and undertook the same efforts
Говінда йшов тим же шляхом і докладав тих же зусиль
they spoke to one another no more than the exercises required
Вони розмовляли одне з одним не більше, ніж потрібні вправи
occasionally the two of them went through the villages
Час від часу вони вдвох ходили по селах
they went to beg for food for themselves and their teachers
Вони йшли просити їжу для себе і своїх вчителів
"How do you think we have progressed, Govinda" he asked
"Як ти думаєш, як ми просунулися, Говінда", - запитав він
"Did we reach any goals?" Govinda answered
"Чи досягли ми якихось цілей?" — відповів Говінда
"We have learned, and we'll continue learning"
«Ми навчилися і будемо продовжувати вчитися»
"You'll be a great Samana, Siddhartha"
"Ти будеш великою саманою, Сіддхартха"
"Quickly, you've learned every exercise"
"Швидко, ти вивчив кожну вправу"
"often, the old Samanas have admired you"
"Часто старі самани захоплювалися вами"
"One day, you'll be a holy man, oh Siddhartha"
"Одного разу ти станеш святою людиною, о Сіддхартха"
Spoke Siddhartha, "I can't help but feel that it is not like this, my friend"
Сіддхартха говорив: «Я не можу не відчувати, що це не так, друже»
"What I've learned being among the Samanas could have been learned more quickly"
"Те, чого я навчився, перебуваючи серед саман, можна було б засвоїти швидше"

"it could have been learned by simpler means"
«Цього можна було навчитися простішими засобами»
"it could have been learned in any tavern"
«Цього можна було навчитися в будь-якій таверні»
"it could have been learned where the whorehouses are"
"Можна було б дізнатися, де знаходяться блудниці"
"I could have learned it among carters and gamblers"
«Я міг би навчитися цьому серед візників і азартних гравців»
Spoke Govinda, "Siddhartha is joking with me"
Говорив Говінда: «Сіддхартха жартує зі мною»
"How could you have learned meditation among wretched people?"
"Як ви могли навчитися медитації серед нещасних людей?"
"how could whores have taught you about holding your breath?"
"Як повії могли навчити вас затримувати дихання?"
"how could gamblers have taught you insensitivity against pain?"
«Як азартні гравці могли навчити вас нечутливості до болю?»
Siddhartha spoke quietly, as if he was talking to himself
Сіддхартха говорив тихо, ніби розмовляв сам із собою
"What is meditation?"
"Що таке медитація?"
"What is leaving one's body?"
"Що залишає тіло?"
"What is fasting?"
"Що таке піст?"
"What is holding one's breath?"
"Що таке затримка дихання?"
"It is fleeing from the self"
"Це втеча від себе"
"it is a short escape of the agony of being a self"
"Це коротка втеча від агонії бути собою"
"it is a short numbing of the senses against the pain"
"Це коротке заціпеніння почуттів проти болю"

"it is avoiding the pointlessness of life"
"Це уникнення безглуздості життя"
"The same numbing is what the driver of an ox-cart finds in the inn"
«Таке ж заціпеніння знаходить у корчмі віз вола»
"drinking a few bowls of rice-wine or fermented coconut-milk"
«Випити кілька мисок рисового вина або кисломолочного кокосового молока»
"Then he won't feel his self any more"
«Тоді він більше не буде відчувати себе»
"then he won't feel the pains of life any more"
"Тоді він більше не буде відчувати біль життя"
"then he finds a short numbing of the senses"
«Потім він знаходить коротке заціпеніння почуттів»
"When he falls asleep over his bowl of rice-wine, he'll find the same what we find"
«Коли він засне над своєю мискою з рисовим вином, він знайде те саме, що знайдемо ми»
"he finds what we find when we escape our bodies through long exercises"
"Він знаходить те, що ми знаходимо, коли вислизаємо від наших тіл за допомогою довгих вправ"
"all of us are staying in the non-self"
"Всі ми залишаємося в не-собі"
"This is how it is, oh Govinda"
"Ось як це, о Говінда"
Spoke Govinda, "You say so, oh friend"
Промовив Говінда: "Ти так кажеш, о друже"
"and yet you know that Siddhartha is no driver of an ox-cart"
"І все ж ви знаєте, що Сіддхартха не водій волового воза"
"and you know a Samana is no drunkard"
"і ти знаєш, що Самана не п'яниця"
"it's true that a drinker numbs his senses"
"Це правда, що питущий німіє почуття"
"it's true that he briefly escapes and rests"
"Це правда, що він ненадовго тікає і відпочиває"

"but he'll return from the delusion and finds everything to be unchanged"
«Але він повернеться з омани і знайде все незмінним»
"he has not become wiser"
"Він не став мудрішим"
"he has gathered any enlightenment"
"Він зібрав будь-яке просвітлення"
"he has not risen several steps"
«Він не піднявся ні на кілька сходинок»
And Siddhartha spoke with a smile
І Сіддхартха говорив з посмішкою
"I do not know, I've never been a drunkard"
«Не знаю, я ніколи не був п'яницею»
"I know that I find only a short numbing of the senses"
"Я знаю, що знаходжу лише коротке заціпеніння почуттів"
"I find it in my exercises and meditations"
«Я знаходжу це в своїх вправах і медитаціях»
"and I find I am just as far removed from wisdom as a child in the mother's womb"
"і я виявляю, що я так само далекий від мудрості, як дитина в утробі матері"
"this I know, oh Govinda"
"Це я знаю, о Говінда"

And once again, another time, Siddhartha began to speak
І знову, іншим разом, Сіддхартха почав говорити
Siddhartha had left the forest, together with Govinda
Сіддхартха покинув ліс разом з Говіндою
they left to beg for some food in the village
Вони пішли просити трохи їжі в село
he said, "What now, oh Govinda?"
він сказав: "Що тепер, о Говінда?"
"are we on the right path?"
"Ми на правильному шляху?"
"are we getting closer to enlightenment?"
"Чи наближаємося ми до просвітлення?"
"are we getting closer to salvation?"

"Чи наближаємося ми до спасіння?"
"Or do we perhaps live in a circle?"
- Чи, можливо, ми живемо по колу?
"we, who have thought we were escaping the cycle"
"Ми, хто думав, що виходимо з циклу"
Spoke Govinda, "We have learned a lot"
Говорив Говінда: «Ми багато чому навчилися»
"Siddhartha, there is still much to learn"
"Сіддхартха, є ще багато чому навчитися"
"We are not going around in circles"
«Ми не ходимо по колу»
"we are moving up; the circle is a spiral"
"Ми рухаємося вгору; Коло - спіраль"
"we have already ascended many levels"
«Ми вже піднялися на багато рівнів»
Siddhartha answered, "How old would you think our oldest Samana is?"
Сіддхартха відповів: "Скільки років, на вашу думку, нашій найстаршій Самані?"
"how old is our venerable teacher?"
"Скільки років нашому поважному вчителю?"
Spoke Govinda, "Our oldest one might be about sixty years of age"
Говінда сказав: "Нашому найстаршому може бути близько шістдесяти років"
Spoke Siddhartha, "He has lived for sixty years"
Говорив Сіддхартха: «Він прожив шістдесят років»
"and yet he has not reached the nirvana"
"І все ж він не досяг нірвани"
"He'll turn seventy and eighty"
"Йому виповниться сімдесят і вісімдесят"
"you and me, we will grow just as old as him"
«Ми з тобою виростемо такими ж старими, як і він»
"and we will do our exercises"
«І ми будемо робити свої вправи»
"and we will fast, and we will meditate"
"І ми будемо постити, і ми будемо медитувати"

"But we will not reach the nirvana"
«Але нірвани ми не дійдемо»
"he won't reach nirvana and we won't"
«Він не досягне нірвани, а ми ні»
"there are uncountable Samanas out there"
"Там незліченні самани"
"perhaps not a single one will reach the nirvana"
«Мабуть, жоден не досягне нірвани»
"We find comfort, we find numbness, we learn feats"
"Ми знаходимо втіху, ми знаходимо оніміння, ми вчимося подвигам"
"we learn these things to deceive others"
"Ми вчимося цьому, щоб обманювати інших"
"But the most important thing, the path of paths, we will not find"
«Але найголовніше, шлях стежок, ми не знайдемо»
Spoke Govinda "If you only wouldn't speak such terrible words, Siddhartha!"
Говінда говорить: «Якби ти тільки не говорив таких жахливих слів, Сіддхартха!»
"there are so many learned men"
"Є так багато вчених людей"
"how could not one of them not find the path of paths?"
"Як ніхто з них не міг знайти стежки шляхів?"
"how can so many Brahmans not find it?"
«Як так багато брахманів можуть його не знайти?»
"how can so many austere and venerable Samanas not find it?"
"Як може так багато суворих і поважних саман не знайти його?"
"how can all those who are searching not find it?"
"Як можуть не знайти його всі, хто шукає?"
"how can the holy men not find it?"
"Як святі мужі можуть не знайти його?"
But Siddhartha spoke with as much sadness as mockery
Але Сіддхартха говорив з таким же смутком, як і з насмішкою

he spoke with a quiet, a slightly sad, a slightly mocking voice
Він говорив тихим, трохи сумним, трохи глузливим голосом

"Soon, Govinda, your friend will leave the path of the Samanas"
«Скоро, Говінда, твій друг зійде зі шляху Саман»

"he has walked along your side for so long"
"Він так довго ходив по твоєму боці"

"I'm suffering of thirst"
"Я страждаю від спраги"

"on this long path of a Samana, my thirst has remained as strong as ever"
"На цьому довгому шляху Самани моя спрага залишалася сильною, як ніколи"

"I always thirsted for knowledge"
«Я завжди жадав знань»

"I have always been full of questions"
«Я завжди був сповнений питань»

"I have asked the Brahmans, year after year"
«Я рік за роком питав брахманів»

"and I have asked the holy Vedas, year after year"
"і я просив святих Вед рік за роком"

"and I have asked the devoted Samanas, year after year"
"і я питав відданих Саман рік за роком"

"perhaps I could have learned it from the hornbill bird"
«Можливо, я міг би навчитися цьому від птаха-носорога»

"perhaps I should have asked the chimpanzee"
- Можливо, мені варто було запитати шимпанзе

"It took me a long time"
«Це зайняло у мене багато часу»

"and I am not finished learning this yet"
"І я ще не закінчив це вивчати"

"oh Govinda, I have learned that there is nothing to be learned!"
"О Говінда, я дізнався, що нема чого вчитися!"

"There is indeed no such thing as learning"

"Насправді немає такого поняття, як навчання"
"There is just one knowledge"
"Є лише одне знання"
"this knowledge is everywhere, this is Atman"
«це знання є скрізь, це Атман»
"this knowledge is within me and within you"
"Це знання всередині мене і всередині вас"
"and this knowledge is within every creature"
"І це знання є в кожному створінні"
"this knowledge has no worser enemy than the desire to know it"
«Це знання не має гіршого ворога, ніж бажання його знати»
"that is what I believe"
"Це те, у що я вірю"
At this, Govinda stopped on the path
На цьому Говінда зупинився на шляху
he rose his hands, and spoke
Він підняв руки і заговорив
"If only you would not bother your friend with this kind of talk"
"Якби ти не турбував свого друга такими розмовами"
"Truly, your words stir up fear in my heart"
"Воістину, ваші слова викликають страх у моєму серці"
"consider, what would become of the sanctity of prayer?"
"Поміркуйте, що станеться зі святістю молитви?"
"what would become of the venerability of the Brahmans' caste?"
«Що станеться з поважністю касти брахманів?»
"what would happen to the holiness of the Samanas?
"Що станеться зі святістю Саманів?
"What would then become of all of that is holy"
"Те, що тоді станеться з усього цього, є святим"
"what would still be precious?"
"Що ще було б дорогоцінним?"
And Govinda mumbled a verse from an Upanishad to himself

І Говінда пробурмотів собі вірш з Упанішаду
"He who ponderingly, of a purified spirit, loses himself in the meditation of Atman"
"Той, хто розмірковує, очищеного духа, губиться в медитації Атмана"
"inexpressible by words is the blissfulness of his heart"
"Невимовне словами блаженство його серця"
But Siddhartha remained silent
Але Сіддхартха мовчав
He thought about the words which Govinda had said to him
Він подумав про слова, які сказав йому Говінда
and he thought the words through to their end
і він продумав слова до кінця
he thought about what would remain of all that which seemed holy
Він думав про те, що залишиться від усього того, що здавалося святим
What remains? What can stand the test?
Що залишається? Що витримує випробування?
And he shook his head
І він похитав головою

the two young men had lived among the Samanas for about three years
двоє молодих чоловіків прожили серед саман близько трьох років;
some news, a rumour, a myth reached them
До них дійшли якісь новини, чутки, міф
the rumour had been retold many times
Чутки переказували багато разів
A man had appeared, Gotama by name
З'явився чоловік, Готама на ім'я
the exalted one, the Buddha
піднесений, Будда
he had overcome the suffering of the world in himself
Він подолав страждання світу в Собі
and he had halted the cycle of rebirths

і він зупинив цикл перероджень
He was said to wander through the land, teaching
Кажуть, що він блукав по землі, навчаючи
he was said to be surrounded by disciples
Кажуть, що його оточували учні
he was said to be without possession, home, or wife
Казали, що він не мав ні володіння, ні дому, ні дружини
he was said to be in just the yellow cloak of an ascetic
Кажуть, що він був у жовтому плащі подвижника
but he was with a cheerful brow
Але він був з веселою бровою
and he was said to be a man of bliss
і про нього говорили, що він був людиною блаженства
Brahmans and princes bowed down before him
Перед ним схилилися брахмани і князі
and they became his students
І вони стали його учнями
This myth, this rumour, this legend resounded
Цей міф, ця чутка, ця легенда звучали
its fragrance rose up, here and there, in the towns
Його аромат піднімався вгору, то тут, то там, у містах
the Brahmans spoke of this legend
брахмани говорили про цю легенду
and in the forest, the Samanas spoke of it
і в лісі про це говорили самани
again and again, the name of Gotama the Buddha reached the ears of the young men
Знову і знову ім'я Будди Готама доходило до вух юнаків
there was good and bad talk of Gotama
були хороші і погані розмови про Готаму
some praised Gotama, others defamed him
одні хвалили Готаму, інші ганьбили його
It was as if the plague had broken out in a country
Це було так, ніби чума спалахнула в країні
news had been spreading around that in one or another place there was a man
Навколо поширювалася звістка про те, що в тому чи

іншому місці є людина
a wise man, a knowledgeable one
Мудра людина, обізнана
a man whose word and breath was enough to heal everyone
Людина, слова і дихання якого вистачило, щоб зцілити всіх
his presence could heal anyone who had been infected with the pestilence
Його присутність могла зцілити будь-кого, хто був заражений мором
such news went through the land, and everyone would talk about it
Такі новини пішли по землі, і всі про це говорили
many believed the rumours, many doubted them
Багато хто повірив чуткам, багато хто сумнівався в них
but many got on their way as soon as possible
Але багато хто вирушив у дорогу якомога швидше
they went to seek the wise man, the helper
Вони пішли шукати мудреця, помічника
the wise man of the family of Sakya
мудрець з роду Сакья
He possessed, so the believers said, the highest enlightenment
Він володів, так говорили віруючі, найвищим просвітленням
he remembered his previous lives; he had reached the nirvana
він пам'ятав своє попереднє життя; Він досяг нірвани
and he never returned into the cycle
І він так і не повернувся в цикл
he was never again submerged in the murky river of physical forms
Він більше ніколи не був занурений у каламутну річку фізичних форм
Many wonderful and unbelievable things were reported of him
Про нього повідомлялося багато чудових і неймовірних

речей
he had performed miracles
Він творив чудеса
he had overcome the devil
Він переміг диявола
he had spoken to the gods
Він говорив з богами
But his enemies and disbelievers said Gotama was a vain seducer
Але його вороги і невіруючі говорили, що Готама був марнославним спокусником
they said he spent his days in luxury
Вони сказали, що він провів свої дні в розкоші
they said he scorned the offerings
Вони сказали, що він зневажає підношення
they said he was without learning
Вони сказали, що він не навчився
they said he knew neither meditative exercises nor self-castigation
Вони сказали, що він не знає ні медитативних вправ, ні самокастигацій
The myth of Buddha sounded sweet
Міф про Будду звучав солодко
The scent of magic flowed from these reports
Аромат магії випливав з цих повідомлень
After all, the world was sick, and life was hard to bear
Адже світ був хворий, і життя переносилося важко
and behold, here a source of relief seemed to spring forth
і ось, тут, здавалося, з'явилося джерело полегшення
here a messenger seemed to call out
Тут ніби гукнув посланець
comforting, mild, full of noble promises
втішний, лагідний, сповнений благородних обіцянок
Everywhere where the rumour of Buddha was heard, the young men listened up
Скрізь, де лунали чутки про Будду, прислухалися юнаки
everywhere in the lands of India they felt a longing

скрізь на землях Індії вони відчували тугу
everywhere where the people searched, they felt hope
Скрізь, де люди шукали, вони відчували надію
every pilgrim and stranger was welcome when he brought news of him
Кожному паломнику і незнайомцю раді, коли він приносив звістку про нього
the exalted one, the Sakyamuni
піднесений, Сак'ямуні
The myth had also reached the Samanas in the forest
Міф дійшов і до саман у лісі
and Siddhartha and Govinda heard the myth too
і Сіддхартха і Говінда теж чули міф
slowly, drop by drop, they heard the myth
Повільно, крапля за краплею, вони чули міф
every drop was laden with hope
Кожна крапля була сповнена надією
every drop was laden with doubt
кожна крапля була обтяжена сумнівами
They rarely talked about it
Про це рідко говорили
because the oldest one of the Samanas did not like this myth
тому що найдавнішому з саманів не сподобався цей міф
he had heard that this alleged Buddha used to be an ascetic
він чув, що цей нібито Будда був аскетом
he heard he he had lived in the forest
Він чув, що жив у лісі
but he had turned back to luxury and worldly pleasures
Але він повернувся до розкоші і мирських задоволень
and he had no high opinion of this Gotama
і він не мав високої думки про цю Готаму

"Oh Siddhartha," Govinda spoke one day to his friend
"О Сіддхартха",—сказав одного дня Говінда своєму другові
"Today, I was in the village"
«Сьогодні я був у селі»
"and a Brahman invited me into his house"

«і запросив мене брахман до свого дому»
"and in his house, there was the son of a Brahman from Magadha"
«А в домі його був син брахмана з Магадхи»
"he has seen the Buddha with his own eyes"
«він бачив Будду на власні очі»
"and he has heard him teach"
"І він чув, як Він навчає"
"Verily, this made my chest ache when I breathed"
"Істинно, від цього у мене боліли груди, коли я дихав"
"and I thought this to myself:"
»І я подумав про це собі:«
"if only we heard the teachings from the mouth of this perfected man!"
"Якби тільки ми почули вчення з вуст цього досконалого чоловіка!"
"Speak, friend, wouldn't we want to go there too"
"Говори, друже, хіба ми не хотіли б туди поїхати"
"wouldn't it be good to listen to the teachings from the Buddha's mouth?"
"Хіба не було б добре слухати вчення з вуст Будди?"
Spoke Siddhartha, "I had thought you would stay with the Samanas"
Промовив Сіддхартха: «Я думав, що ти залишишся з саманами»
"I always had believed your goal was to live to be seventy"
"Я завжди вірив, що твоя мета - дожити до сімдесяти років"
"I thought you would keep practising those feats and exercises"
"Я думав, що ти продовжуватимеш практикувати ці подвиги та вправи"
"and I thought you would become a Samana"
"і я думав, що ти станеш саманою"
"But behold, I had not known Govinda well enough"
"Але ось, я недостатньо добре знав Говінду"
"I knew little of his heart"

"Я мало знав про його серце"
"So now you want to take a new path"
«Отже, тепер ви хочете стати на новий шлях»
"and you want to go there where the Buddha spreads his teachings"
«І ти хочеш піти туди, де Будда поширює своє вчення»
Spoke Govinda, "You're mocking me"
Говорив Говінда: "Ти знущаєшся наді мною"
"Mock me if you like, Siddhartha!"
"Знущайся над мною, якщо хочеш, Сіддхартха!"
"But have you not also developed a desire to hear these teachings?"
"Але хіба у вас також не з'явилося бажання почути ці вчення?"
"have you not said you would not walk the path of the Samanas for much longer?"
"Хіба ви не сказали, що не будете йти шляхом саман набагато довше?"
At this, Siddhartha laughed in his very own manner
На це Сіддхартха по-своєму засміявся
the manner in which his voice assumed a touch of sadness
манера, в якій його голос набував нотки смутку
but it still had that touch of mockery
Але в ньому все ще був цей відтінок насмішки
Spoke Siddhartha, "Govinda, you've spoken well"
Говорив Сіддхартха: «Говінда, ти добре говорив»
"you've remembered correctly what I said"
"Ви правильно запам'ятали, що я сказав"
"If only you remembered the other thing you've heard from me"
"Якби ти згадав інше, що чув від мене"
"I have grown distrustful and tired against teachings and learning"
"Я став недовірливим і втомився проти вчень і навчання"
"my faith in words, which are brought to us by teachers, is small"
"Моя віра в слова, які приносять нам вчителі, мала"

"But let's do it, my dear"
«Але давайте зробимо це, мої дорогі»
"I am willing to listen to these teachings"
"Я готовий слухати ці вчення"
"though in my heart I do not have hope"
"хоча в серці я не маю надії"
"I believe that we've already tasted the best fruit of these teachings"
"Я вірю, що ми вже скуштували найкращі плоди цих вчень"
Spoke Govinda, "Your willingness delights my heart"
Говорив Говінда: "Твоя готовність радує моє серце"
"But tell me, how should this be possible?"
- Але скажіть, як це повинно бути можливо?
"How can the Gotama's teachings have already revealed their best fruit to us?"
"Як вчення Готами вже відкрило нам свої найкращі плоди?"
"we have not heard his words yet"
«Ми ще не чули його слів»
Spoke Siddhartha, "Let us eat this fruit"
Говорив Сіддхартха: "Давайте їмо цей фрукт"
"and let us wait for the rest, oh Govinda!"
— А решту почекаємо, о Говінда!
"But this fruit consists in him calling us away from the Samanas"
«Але цей плід полягає в тому, що Він відкликає нас від Саман»
"and we have already received it thanks to the Gotama!"
- і ми вже отримали його завдяки Готамі!
"Whether he has more, let us await with calm hearts"
"Чи буде у нього більше, чекаймо зі спокійним серцем"

On this very same day Siddhartha spoke to the oldest Samana
Того ж дня Сіддхартха розмовляв з найстарішою Саманою
he told him of his decision to leaves the Samanas

він розповів йому про своє рішення залишити Самани
he informed the oldest one with courtesy and modesty
Найстаршому він повідомив про це з ввічливістю і скромністю
but the Samana became angry that the two young men wanted to leave him
але Самана розгнівалася, що двоє юнаків хотіли залишити його
and he talked loudly and used crude words
І він голосно говорив і використовував грубі слова
Govinda was startled and became embarrassed
Говінда був здивований і зніяковів
But Siddhartha put his mouth close to Govinda's ear
Але Сіддхартха приклав рот до вуха Говінди
"Now, I want to show the old man what I've learned from him"
"Тепер я хочу показати старому, чого я навчився від нього"
Siddhartha positioned himself closely in front of the Samana
Сіддхартха розташувався впритул перед саманою
with a concentrated soul, he captured the old man's glance
Зосередженою душею він захопив погляд старого
he deprived him of his power and made him mute
Він позбавив його влади і зробив німим
he took away his free will
Він забрав у нього свободу волі
he subdued him under his own will, and commanded him
Він підкорив його за своєю волею і наказав йому
his eyes became motionless, and his will was paralysed
Його очі стали нерухомими, а воля була паралізована
his arms were hanging down without power
Його руки звисали без сили
he had fallen victim to Siddhartha's spell
він став жертвою чар Сіддхартхи
Siddhartha's thoughts brought the Samana under their control
Думки Сіддхартхи взяли Саману під свій контроль

he had to carry out what they commanded
Він повинен був виконати те, що вони наказали
And thus, the old man made several bows
І таким чином, старий зробив кілька поклонів
he performed gestures of blessing
Він виконував жести благословення
he spoke stammeringly a godly wish for a good journey
Він заїкано промовив благочестиве побажання доброї подорожі
the young men returned the good wishes with thanks
Юнаки відповіли добрими побажаннями з подякою
they went on their way with salutations
Вони вирушили в дорогу з привітаннями
On the way, Govinda spoke again
По дорозі Говінда знову заговорив
"Oh Siddhartha, you have learned more from the Samanas than I knew"
"О Сіддхартха, ти дізнався від саман більше, ніж я знав"
"It is very hard to cast a spell on an old Samana"
"Дуже важко накласти закляття на стару Саману"
"Truly, if you had stayed there, you would soon have learned to walk on water"
«Воістину, якби ти залишився там, то незабаром навчився б ходити по воді»
"I do not seek to walk on water" said Siddhartha
"Я не прагну ходити по воді", - сказав Сіддхартха
"Let old Samanas be content with such feats!"
«Нехай старі самани задовольняться такими подвигами!»

Gotama
Готама

In Savathi, every child knew the name of the exalted Buddha
У Саватхі кожна дитина знала ім'я піднесеного Будди
every house was prepared for his coming
Кожен дім був підготовлений до Його пришестя
each house filled the alms-dishes of Gotama's disciples
кожен будинок заповнював милостиню учнів Готами
Gotama's disciples were the silently begging ones
Учні Готами мовчки благали
Near the town was Gotama's favourite place to stay
Недалеко від міста було улюблене місце проживання Готами
he stayed in the garden of Jetavana
він зупинився в саду Джетавани
the rich merchant Anathapindika had given the garden to Gotama
багатий купець Анатапіндіка подарував сад Готамі
he had given it to him as a gift
Він дав її йому в дар
he was an obedient worshipper of the exalted one
Він був слухняним поклонником піднесеного
the two young ascetics had received tales and answers
Двоє молодих подвижників отримали казки і відповіді
all these tales and answers pointed them to Gotama's abode
всі ці казки і відповіді вказували їм на обитель Готами
they arrived in the town of Savathi
вони прибули в місто Саваті
they went to the very first door of the town
Вони підійшли до найперших дверей містечка
and they begged for food at the door
і вони випрошували їжу біля дверей
a woman offered them food
Жінка запропонувала їм їжу
and they accepted the food
і вони прийняли їжу

і вони прийняли їжу
Siddhartha asked the woman
— запитав Сіддхартха у жінки
"oh charitable one, where does the Buddha dwell?"
"О милосердний, де живе Будда?"
"we are two Samanas from the forest"
"ми два Самани з лісу"
"we have come to see the perfected one"
"Ми прийшли, щоб побачити досконалого"
"we have come to hear the teachings from his mouth"
"Ми прийшли, щоб почути вчення з Його вуст"
Spoke the woman, "you Samanas from the forest"
Промовила жінка: "Ви, саманас з лісу"
"you have truly come to the right place"
"Ви дійсно потрапили в потрібне місце"
"you should know, in Jetavana, there is the garden of Anathapindika"
"Ви повинні знати, що в Джетавані є сад Анатапіндіки"
"that is where the exalted one dwells"
"Ось де живе піднесений"
"there you pilgrims shall spend the night"
"Там ви, паломники, будете ночувати"
"there is enough space for the innumerable, who flock here"
«Тут достатньо місця для незліченної кількості тих, хто стікається сюди»
"they too come to hear the teachings from his mouth"
"Вони також приходять, щоб почути вчення з Його вуст"
This made Govinda happy, and full of joy
Це зробило Говінду щасливим, і повним радості
he exclaimed, "we have reached our destination"
Він вигукнув: "Ми досягли пункту призначення"
"our path has come to an end!"
«Наш шлях підійшов до кінця!»
"But tell us, oh mother of the pilgrims"
"Але скажи нам, о мати паломників"
"do you know him, the Buddha?"
"Ти знаєш його, Будду?"

"have you seen him with your own eyes?"
- Ти бачив його на власні очі?
Spoke the woman, "Many times I have seen him, the exalted one"
Промовила жінка: "Багато разів я бачила Його, Піднесеного"
"On many days I have seen him"
"Багато днів я бачив його"
"I have seen him walking through the alleys in silence"
"Я бачив, як він мовчки йшов по алеях"
"I have seen him wearing his yellow cloak"
"Я бачив його в жовтому плащі"
"I have seen him presenting his alms-dish in silence"
"Я бачив, як він мовчки підносив свою милостиню"
"I have seen him at the doors of the houses"
«Я бачив його біля дверей будинків»
"and I have seen him leaving with a filled dish"
"і я бачив, як він ішов із наповненою стравою"
Delightedly, Govinda listened to the woman
Говінда в захваті вислухав жінку
and he wanted to ask and hear much more
І йому хотілося запитати і почути набагато більше
But Siddhartha urged him to walk on
Але Сіддхартха закликав його йти далі
They thanked the woman and left
Вони подякували жінці і пішли
they hardly had to ask for directions
Їм майже не доводилося питати дорогу
many pilgrims and monks were on their way to the Jetavana
багато паломників і ченців прямували до Джетавани
they reached it at night, so there were constant arrivals
Добиралися до нього вночі, тому були постійні прильоти
and those who sought shelter got it
А ті, хто шукав притулку, його отримували
The two Samanas were accustomed to life in the forest
Двоє саман звикли до життя в лісі
so without making any noise they quickly found a place to

stay
Тому, не шумлячи, вони швидко знайшли місце для проживання
and they rested there until the morning
і відпочивали вони там до ранку

At sunrise, they saw with astonishment the size of the crowd
На сході сонця вони з подивом побачили розміри натовпу
a great many number of believers had come
Прийшло дуже багато віруючих
and a great number of curious people had spent the night here
і велика кількість цікавих людей ночувало тут
On all paths of the marvellous garden, monks walked in yellow robes
По всіх стежках чудового саду ходили ченці в жовтих шатах
under the trees they sat here and there, in deep contemplation
Під деревами вони сиділи то тут, то там, у глибокому спогляданні
or they were in a conversation about spiritual matters
або вони розмовляли про духовні справи
the shady gardens looked like a city
Тіністі сади були схожі на місто
a city full of people, bustling like bees
Місто, повне людей, метушливих, як бджоли
The majority of the monks went out with their alms-dish
Більшість ченців вийшли зі своєю милостинею
they went out to collect food for their lunch
Вони вийшли збирати їжу на обід
this would be their only meal of the day
Це був би їхній єдиний прийом їжі за день
The Buddha himself, the enlightened one, also begged in the mornings
Сам Будда, просвітлений, теж просив милостиню вранці
Siddhartha saw him, and he instantly recognised him

Сіддхартха побачив його, і він миттєво впізнав його
he recognised him as if a God had pointed him out
він упізнав його так, ніби Бог вказав на нього
He saw him, a simple man in a yellow robe
Він побачив його, простого чоловіка в жовтому вбранні
he was bearing the alms-dish in his hand, walking silently
Він тримав милостиню в руці і мовчки йшов
"Look here!" Siddhartha said quietly to Govinda
"Дивись сюди!" — тихо сказав Сіддхартха Говінді
"This one is the Buddha"
"Цей - Будда"
Attentively, Govinda looked at the monk in the yellow robe
Говінда уважно подивився на ченця в жовтому вбранні
this monk seemed to be in no way different from any of the others
Цей чернець, здавалося, нічим не відрізнявся ні від кого з інших
but soon, Govinda also realized that this is the one
але незабаром Говінда також зрозумів, що це саме той
And they followed him and observed him
І вони пішли за ним і спостерігали за ним
The Buddha went on his way, modestly and deep in his thoughts
Будда йшов своїм шляхом, скромно і глибоко в думках
his calm face was neither happy nor sad
Його спокійне обличчя не було ні щасливим, ні сумним
his face seemed to smile quietly and inwardly
Його обличчя, здавалося, тихо і внутрішньо посміхалося
his smile was hidden, quiet and calm
Його посмішка була прихованою, тихою і спокійною
the way the Buddha walked somewhat resembled a healthy child
те, як ходив Будда, чимось нагадувало здорову дитину
he walked just as all of his monks did
Він ходив так само, як і всі його ченці
he placed his feet according to a precise rule
Він поставив ноги за точним правилом

his face and his walk, his quietly lowered glance
його обличчя і його хода, його тихо опущений погляд
his quietly dangling hand, every finger of it
Його тихо бовтається рука, кожен її палець
all these things expressed peace
Все це виражало мир
all these things expressed perfection
Все це виражало досконалість
he did not search, nor did he imitate
Він не шукав і не наслідував
he softly breathed inwardly an unwhithering calm
Він тихо вдихнув всередину себе нестримний спокій
he shone outwardly an unwhithering light
Він світив зовні непомітним світлом
he had about him an untouchable peace
Він мав навколо себе недоторканний спокій
the two Samanas recognised him solely by the perfection of his calm
двоє саман впізнали його виключно за досконалістю його спокою
they recognized him by the quietness of his appearance
Вони впізнавали його по тиші його зовнішності
the quietness in his appearance in which there was no searching
тиша в його зовнішності, в якій не було пошуків
there was no desire, nor imitation
Не було ні бажання, ні наслідування
there was no effort to be seen
Не було жодних зусиль, щоб бути поміченими
only light and peace was to be seen in his appearance
Тільки світло і спокій можна було побачити в Його зовнішності
"Today, we'll hear the teachings from his mouth" said Govinda
"Сьогодні ми почуємо вчення з його вуст", - сказав Говінда
Siddhartha did not answer
Сіддхартха не відповів

He felt little curiosity for the teachings
Він не відчував особливої цікавості до вчень
he did not believe that they would teach him anything new
Він не вірив, що його навчать чомусь новому
he had heard the contents of this Buddha's teachings again and again
він чув зміст цього вчення Будди знову і знову
but these reports only represented second hand information
Але ці звіти представляли лише інформацію з других рук
But attentively he looked at Gotama's head
Але уважно він подивився на голову Готами
his shoulders, his feet, his quietly dangling hand
його плечі, його ноги, його тихо звисає рука
it was as if every finger of this hand was of these teachings
Здавалося, ніби кожен палець цієї руки був від цих учень
his fingers spoke of truth
Його пальці говорили про істину
his fingers breathed and exhaled the fragrance of truth
Його пальці дихали і видихали пахощі правди
his fingers glistened with truth
Його пальці блищали правдою
this Buddha was truthful down to the gesture of his last finger
цей Будда був правдивий аж до жесту останнього пальця
Siddhartha could see that this man was holy
Сіддхартха бачив, що цей чоловік святий
Never before, Siddhartha had venerated a person so much
Ніколи раніше Сіддхартха так не шанував людину
he had never before loved a person as much as this one
Він ніколи раніше не любив людину так сильно, як цей
They both followed the Buddha until they reached the town
Вони обидва йшли за Буддою, поки не досягли міста
and then they returned to their silence
А потім вони повернулися до свого мовчання
they themselves intended to abstain on this day
Самі вони мали намір утриматися в цей день
They saw Gotama returning the food that had been given to

him
Вони бачили, як Готама повертав їжу, яку йому дали
what he ate could not even have satisfied a bird's appetite
Те, що він їв, не могло навіть задовольнити пташиний апетит
and they saw him retiring into the shade of the mango-trees
І вони побачили, як він усамітнився в тіні мангових дерев

in the evening the heat had cooled down
Увечері спека охолола
everyone in the camp started to bustle about and gathered around
Всі в таборі почали метушитися і збиралися навколо
they heard the Buddha teaching, and his voice
вони чули вчення Будди і його голос
and his voice was also perfected
і його голос також удосконалювався
his voice was of perfect calmness
Його голос був абсолютно спокійним
his voice was full of peace
Його голос був сповнений спокою
Gotama taught the teachings of suffering
Готама навчав вченню про страждання
he taught of the origin of suffering
Він навчав про походження страждань
he taught of the way to relieve suffering
Він навчав про те, як полегшити страждання
Calmly and clearly his quiet speech flowed on
Спокійно і ясно лилася його тиха мова
Suffering was life, and full of suffering was the world
Страждання було життям, а повний страждань був світ
but salvation from suffering had been found
але спасіння від страждань було знайдено
salvation was obtained by him who would walk the path of the Buddha
спасіння було отримано тим, хто піде шляхом Будди
With a soft, yet firm voice the exalted one spoke

Тихим, але твердим голосом говорив піднесений
he taught the four main doctrines
Він викладав чотири основні доктрини
he taught the eight-fold path
Він навчав восьмискладовому шляху
patiently he went the usual path of the teachings
Терпляче йшов звичайним шляхом вчення
his teachings contained the examples
Його вчення містило приклади
his teaching made use of the repetitions
Його вчення використовувало повторення
brightly and quietly his voice hovered over the listeners
яскраво і тихо його голос ширяв над слухачами
his voice was like a light
Його голос був схожий на світло
his voice was like a starry sky
Його голос був схожий на зоряне небо
When the Buddha ended his speech, many pilgrims stepped forward
Коли Будда закінчив свою промову, багато паломників виступили вперед
they asked to be accepted into the community
Вони просили, щоб їх прийняли до спільноти
they sought refuge in the teachings
Вони шукали притулку в ученнях
And Gotama accepted them by speaking
І Готама прийняв їх, говорячи
"You have heard the teachings well"
"Ви добре чули вчення"
"join us and walk in holiness"
"Приєднуйтесь до нас і ходіть у святості"
"put an end to all suffering"
«Покласти край усім стражданням»
Behold, then Govinda, the shy one, also stepped forward and spoke
Ось тоді Говінда, сором'язлива, також ступила вперед і заговорила

"I also take my refuge in the exalted one and his teachings"
"Я також знаходжу свій притулок у піднесеному і його вченнях"
and he asked to be accepted into the community of his disciples
і він просив, щоб його прийняли до спільноти Його учнів
and he was accepted into the community of Gotama's disciples
і він був прийнятий до спільноти учнів Готами

the Buddha had retired for the night
Будда усамітнився на ніч
Govinda turned to Siddhartha and spoke eagerly
Говінда обернувся до Сіддхартхи і нетерпляче заговорив
"Siddhartha, it is not my place to scold you"
"Сіддхартха, це не моє місце, щоб лаяти тебе"
"We have both heard the exalted one"
"Ми обоє чули піднесеного"
"we have both perceived the teachings"
"Ми обидва сприйняли вчення"
"Govinda has heard the teachings"
"Говінда почув учення"
"he has taken refuge in the teachings"
"Він знайшов притулок у вченнях"
"But, my honoured friend, I must ask you"
"Але, мій шановний друже, я повинен запитати тебе"
"don't you also want to walk the path of salvation?"
"Хіба ти не хочеш іти дорогою спасіння?"
"Would you want to hesitate?"
"Хочеш вагатися?"
"do you want to wait any longer?"
"Ти хочеш почекати більше?"
Siddhartha awakened as if he had been asleep
Сіддхартха прокинувся так, ніби спав
For a long time, he looked into Govinda's face
Довго він дивився в обличчя Говінді
Then he spoke quietly, in a voice without mockery

Тоді він говорив тихо, голосом без насмішок

"Govinda, my friend, now you have taken this step"
"Говінда, друже, тепер ти зробив цей крок"
"now you have chosen this path"
«Тепер ви обрали цей шлях»
"Always, oh Govinda, you've been my friend"
"Завжди, о Говінда, ти був моїм другом"
"you've always walked one step behind me"
«Ти завжди йшов на крок позаду мене»
"Often I have thought about you"
"Часто я думав про тебе"
"'Won't Govinda for once also take a step by himself'"
"Чи не зробить Говінда жодного разу кроку сам"
"'won't Govinda take a step without me?'"
"Хіба Говінда не зробить кроку без мене?"
"'won't he take a step driven by his own soul?'"
"Хіба він не зробить кроку, керованого власною душею?"
"Behold, now you've turned into a man"
"Ось, тепер ти перетворився на чоловіка"
"you are choosing your path for yourself"
«Ти вибираєш свій шлях для себе»
"I wish that you would go it up to its end"
"Я хотів би, щоб ви довели це до кінця"
"oh my friend, I hope that you shall find salvation!"
"О друже, я сподіваюся, що ти знайдеш спасіння!"
Govinda, did not completely understand it yet
Говінда, ще не до кінця це зрозумів
he repeated his question in an impatient tone
Він повторив своє запитання нетерплячим тоном
"Speak up, I beg you, my dear!"
«Говоріть, благаю тебе, мої дорогі!»
"Tell me, since it could not be any other way"
«Скажи мені, так як по-іншому бути не могло»
"won't you also take your refuge with the exalted Buddha?"
"Хіба ти не сховаєшся і з піднесеним Буддою?"
Siddhartha placed his hand on Govinda's shoulder
Сіддхартха поклав руку на плече Говінди

"You failed to hear my good wish for you"
"Ти не почув мого доброго побажання тобі"
"I'm repeating my wish for you"
"Я повторюю своє бажання для тебе"
"I wish that you would go this path"
«Я б хотів, щоб ти пішов цим шляхом»
"I wish that you would go up to this path's end"
"Я б хотів, щоб ти піднявся до кінця цього шляху"
"I wish that you shall find salvation!"
"Бажаю, щоб ти знайшов спасіння!"
In this moment, Govinda realized that his friend had left him
У цей момент Говінда зрозумів, що від нього покинув друг
when he realized this he started to weep
Коли він зрозумів це, то почав плакати
"Siddhartha!" he exclaimed lamentingly
«Сіддхартха!» — жалібно вигукнув він
Siddhartha kindly spoke to him
Сіддхартха люб'язно заговорив з ним
"don't forget, Govinda, who you are"
"Не забувай, Говінда, хто ти"
"you are now one of the Samanas of the Buddha"
"Тепер ти одна з саман Будди"
"You have renounced your home and your parents"
«Ти відрікся від свого дому і батьків»
"you have renounced your birth and possessions"
"Ти відмовився від свого народження і майна"
"you have renounced your free will"
"Ви відмовилися від своєї вільної волі"
"you have renounced all friendship"
"Ти відмовився від будь-якої дружби"
"This is what the teachings require"
"Цього вимагають учення"
"this is what the exalted one wants"
"Це те, чого хоче піднесений"
"This is what you wanted for yourself"
«Це те, що ти хотів для себе»

"Tomorrow, oh Govinda, I will leave you"
"Завтра, о Говінда, я залишу тебе"
For a long time, the friends continued walking in the garden
Довгий час друзі продовжували гуляти по саду
for a long time, they lay there and found no sleep
Довгий час вони лежали там і не знаходили сну
And over and over again, Govinda urged his friend
І знову і знову Говінда переконував свого друга
"why would you not want to seek refuge in Gotama's teachings?"
"Чому б вам не знайти притулку у вченні Готами?"
"what fault could you find in these teachings?"
"Яку ваду ви могли знайти в цих ученнях?"
But Siddhartha turned away from his friend
Але Сіддхартха відвернувся від свого друга
every time he said, "Be content, Govinda!"
щоразу, коли він казав: "Будь задоволений, Говінда!"
"Very good are the teachings of the exalted one"
"Дуже добрими є вчення піднесеного"
"how could I find a fault in his teachings?"
"Як я міг знайти помилку в Його вченнях?"

it was very early in the morning
Це було дуже рано вранці
one of the oldest monks went through the garden
Один з найстаріших ченців пройшов по саду
he called to those who had taken their refuge in the teachings
Він покликав тих, хто знайшов притулок у вченнях
he called them to dress them up in the yellow robe
Він покликав їх, щоб вони одягли їх у жовту мантію;
and he instruct them in the first teachings and duties of their position
і Він навчав їх першим ученням і обов'язкам їхнього становища
Govinda once again embraced his childhood friend
Говінда в черговий раз обійняв свого друга дитинства

and then he left with the novices
А потім пішов з послушниками
But Siddhartha walked through the garden, lost in thought
Але Сіддхартха йшов по саду, загубившись у думках
Then he happened to meet Gotama, the exalted one
Потім він випадково зустрів Готаму, піднесеного
he greeted him with respect
Він привітав його з повагою
the Buddha's glance was full of kindness and calm
погляд Будди був сповнений доброти і спокою
the young man summoned his courage
Юнак викликав свою мужність
he asked the venerable one for the permission to talk to him
Він попросив у преподобного дозволу поговорити з ним
Silently, the exalted one nodded his approval
Мовчки піднесений кивнув на схвалення
Spoke Siddhartha, "Yesterday, oh exalted one"
Промовив Сіддхартха: "Вчора, о піднесений"
"I had been privileged to hear your wondrous teachings"
"Я мав привілей почути ваші дивовижні вчення"
"Together with my friend, I had come from afar, to hear your teachings"
"Разом зі своїм другом я приїхав здалеку, щоб почути ваші вчення"
"And now my friend is going to stay with your people"
"А тепер мій друг залишиться з вашим народом"
"he has taken his refuge with you"
"Він знайшов Свій притулок з вами"
"But I will again start on my pilgrimage"
"Але я знову почну своє паломництво"
"As you please," the venerable one spoke politely
— Як завгодно, — ввічливо промовив поважний
"Too bold is my speech," Siddhartha continued
"Занадто сміливою є моя промова", - продовжив Сіддхартха
"but I do not want to leave the exalted on this note"
"але я не хочу залишати піднесених на цій ноті"

"I want to share with the most venerable one my honest thoughts"

"Я хочу поділитися з найповажнішим своїми чесними думками"

"Does it please the venerable one to listen for one moment longer?"

"Чи приємно поважному слухати ще одну мить?"

Silently, the Buddha nodded his approval

Мовчки Будда кивнув на знак схвалення

Spoke Siddhartha, "oh most venerable one"

Говорив Сіддхартха, "о найповажніший"

"there is one thing I have admired in your teachings most of all"

"Є одна річ, якою я найбільше захоплювався у ваших вченнях"

"Everything in your teachings is perfectly clear"

"Все у ваших вченнях абсолютно ясно"

"what you speak of is proven"

"Те, про що ви говорите, доведено"

"you are presenting the world as a perfect chain"

«Ви представляєте світ як досконалий ланцюг»

"a chain which is never and nowhere broken"

"ланцюг, який ніколи і ніде не розривається"

"an eternal chain the links of which are causes and effects"

"вічний ланцюг, ланками якого є причини і наслідки"

"Never before, has this been seen so clearly"

«Ніколи раніше це не було видно так чітко»

"never before, has this been presented so irrefutably"

«Ніколи раніше це не було представлено так неспростовно»

"truly, the heart of every Brahman has to beat stronger with love"

«Воістину, серце кожного брахмана має битися сильніше любов'ю»

"he has seen the world through your perfectly connected teachings"

"Він побачив світ через ваші досконало пов'язані вчення"

"without gaps, clear as a crystal"
«Без прогалин, прозорий, як кристал»
"not depending on chance, not depending on Gods"
"не залежить від випадку, не залежить від богів"
"he has to accept it whether it may be good or bad"
"Він повинен прийняти це, незалежно від того, добре це чи погано"
"he has to live by it whether it would be suffering or joy"
"Він повинен жити відповідно до цього, будь то страждання чи радість"
"but I do not wish to discuss the uniformity of the world"
"але я не хочу обговорювати однаковість світу"
"it is possible that this is not essential"
«Цілком можливо, що це не принципово»
"everything which happens is connected"
«Все, що відбувається, пов'язано»
"the great and the small things are all encompassed"
"Все велике і мале охоплено"
"they are connected by the same forces of time"
«Вони пов'язані одними і тими ж силами часу»
"they are connected by the same law of causes"
«Вони пов'язані одним і тим же законом причин»
"the causes of coming into being and of dying"
"Причини виникнення і смерті"
"this is what shines brightly out of your exalted teachings"
"Це те, що яскраво сяє з ваших піднесених учень"
"But, according to your very own teachings, there is a small gap"
"Але, згідно з вашим власним вченням, є невелика прогалина"
"this unity and necessary sequence of all things is broken in one place"
«Ця єдність і необхідна послідовність усіх речей порушена в одному місці»
"this world of unity is invaded by something alien"
«У цей світ єдності вторгається щось чуже»
"there is something new, which had not been there before"

«Є щось нове, чого раніше не було»
"there is something which cannot be demonstrated"
«Є те, що не можна продемонструвати»
"there is something which cannot be proven"
"Є те, що не може бути доведено"
"these are your teachings of overcoming the world"
"Це ваші вчення про подолання світу"
"these are your teachings of salvation"
"Це ваші вчення про спасіння"
"But with this small gap, the eternal breaks apart again"
"Але з цією маленькою прогалиною вічне знову розпадається на частини"
"with this small breach, the law of the world becomes void"
"З цим невеликим порушенням закон світу стає недійсним"
"Please forgive me for expressing this objection"
"Будь ласка, вибачте мене за те, що я висловив це заперечення"
Quietly, Gotama had listened to him, unmoved
Спокійно Готама слухав його, не зворушуючись
Now he spoke, the perfected one, with his kind and polite clear voice
Тепер він говорив, досконалий, своїм добрим і ввічливим чистим голосом
"You've heard the teachings, oh son of a Brahman"
"Ти чув учення, о сину брахмана"
"and good for you that you've thought about it this deeply"
"І добре для вас, що ви так глибоко подумали про це"
"You've found a gap in my teachings, an error"
"Ви знайшли прогалину в моїх вченнях, помилку"
"You should think about this further"
«Про це варто подумати далі»
"But be warned, oh seeker of knowledge, of the thicket of opinions"
"Але будьте попереджені, о шукач знань, про гущавину думок"
"be warned of arguing about words"

"Будьте попереджені про суперечки про слова"
"There is nothing to opinions"
«Немає нічого в думках»
"they may be beautiful or ugly"
«Вони можуть бути красивими або потворними»
"opinions may be smart or foolish"
"Думки можуть бути розумними або дурними"
"everyone can support opinions, or discard them"
«Кожен може підтримати думки або відкинути їх»
"But the teachings, you've heard from me, are no opinion"
"Але вчення, які ви чули від мене, не є думкою"
"their goal is not to explain the world to those who seek knowledge"
«Їхня мета не в тому, щоб пояснити світ тим, хто шукає знань»
"They have a different goal"
«У них інша мета»
"their goal is salvation from suffering"
"Їхня мета - порятунок від страждань"
"This is what Gotama teaches, nothing else"
"Це те, чого вчить Готама, нічого іншого"
"I wish that you, oh exalted one, would not be angry with me" said the young man
"Бажаю, щоб ти, о піднесений, не гнівався на мене", — сказав юнак
"I have not spoken to you like this to argue with you"
"Я не говорив з тобою так, щоб сперечатися з тобою"
"I do not wish to argue about words"
«Я не хочу сперечатися про слова»
"You are truly right, there is little to opinions"
"Ви справді праві, думок мало"
"But let me say one more thing"
"Але дозвольте мені сказати ще одне"
"I have not doubted in you for a single moment"
«Я ні на мить не сумнівався в тобі»
"I have not doubted for a single moment that you are Buddha"

«Я ні на мить не сумнівався, що ти Будда»
"I have not doubted that you have reached the highest goal"
«Я не сумнівався, що ви досягли найвищої мети»
"the highest goal towards which so many Brahmans are on their way"
«найвища мета, до якої знаходиться так багато брахманів»
"You have found salvation from death"
"Ти знайшов спасіння від смерті"
"It has come to you in the course of your own search"
"Воно прийшло до вас в ході ваших власних пошуків"
"it has come to you on your own path"
"Воно прийшло до вас на вашому власному шляху"
"it has come to you through thoughts and meditation"
"Це прийшло до вас через думки та медитацію"
"it has come to you through realizations and enlightenment"
"Це прийшло до вас через усвідомлення та просвітлення"
"but it has not come to you by means of teachings!"
"Але це не прийшло до вас через вчення!"
"And this is my thought"
"І це моя думка"
"nobody will obtain salvation by means of teachings!"
"Ніхто не отримає спасіння через вчення!"
"You will not be able to convey your hour of enlightenment"
«Ви не зможете передати свою годину просвітлення»
"words of what has happened to you won't convey the moment!"
"Слова про те, що з вами сталося, не передадуть моменту!"
"The teachings of the enlightened Buddha contain much"
«Вчення просвітленого Будди містить багато»
"it teaches many to live righteously"
"Багатьох вона вчить жити праведно"
"it teaches many to avoid evil"
"Багатьох вона вчить уникати зла"
"But there is one thing which these teachings do not contain"
"Але є одна річ, якої ці вчення не містять"
"they are clear and venerable, but the teachings miss something"

"Вони ясні і поважні, але вчення чогось пропускають"
"the teachings do not contain the mystery"
"Учення не містять таємниці"
"the mystery of what the exalted one has experienced for himself"
"Таємниця того, що Піднесений пережив на собі"
"among hundreds of thousands, only he experienced it"
«Серед сотень тисяч це відчув тільки він»
"This is what I have thought and realized, when I heard the teachings"
"Це те, що я думав і усвідомлював, коли почув вчення"
"This is why I am continuing my travels"
«Ось чому я продовжую свої подорожі»
"this is why I do not to seek other, better teachings"
"ось чому я не шукаю інших, кращих вчень"
"I know there are no better teachings"
"Я знаю, що немає кращих учень"
"I leave to depart from all teachings and all teachers"
"Я йду, щоб відійти від усіх учень і всіх вчителів"
"I leave to reach my goal by myself, or to die"
"Я йду, щоб досягти своєї мети самостійно, або померти"
"But often, I'll think of this day, oh exalted one"
"Але часто, я буду думати про цей день, о піднесений"
"and I'll think of this hour, when my eyes beheld a holy man"
"І я подумаю про цю годину, коли мої очі побачили святого чоловіка"
The Buddha's eyes quietly looked to the ground
Очі Будди спокійно дивилися на землю
quietly, in perfect equanimity, his inscrutable face was smiling
Тихо, в досконалій незворушності його незбагненне обличчя посміхалося
the venerable one spoke slowly
Поважний говорив повільно
"I wish that your thoughts shall not be in error"
"Бажаю, щоб твої думки не помилялися"

"I wish that you shall reach the goal!"

«Бажаю, щоб ти досяг мети!»

"But there is something I ask you to tell me"

"Але є щось, що я прошу вас сказати мені"

"Have you seen the multitude of my Samanas?"

"Ти бачив безліч моїх саман?"

"they have taken refuge in the teachings"

"Вони знайшли притулок у вченнях"

"do you believe it would be better for them to abandon the teachings?"

"Чи вважаєте ви, що їм було б краще відмовитися від учень?"

"should they to return into the world of desires?"

"Чи повинні вони повернутися у світ бажань?"

"Far is such a thought from my mind" exclaimed Siddhartha

— Далека така думка від моєї голови, — вигукнув Сіддхартха

"I wish that they shall all stay with the teachings"

"Я бажаю, щоб усі вони залишалися з ученнями"

"I wish that they shall reach their goal!"

«Бажаю, щоб вони досягли своєї мети!»

"It is not my place to judge another person's life"

"Це не моє місце, щоб судити життя іншої людини"

"I can only judge my own life"

«Я можу судити тільки про своє власне життя»

"I must decide, I must chose, I must refuse"

«Я повинен вирішити, я повинен вибрати, я повинен відмовитися»

"Salvation from the self is what we Samanas search for"

"Спасіння від себе - це те, чого ми шукаємо самани"

"oh exalted one, if only I were one of your disciples"

"О піднесений, якби я був одним з твоїх учнів"

"I'd fear that it might happen to me"

"Я б боявся, що це може статися зі мною"

"only seemingly, would my self be calm and be redeemed"

"Тільки, здавалося б, я сам був би спокійний і був би врятований"

"but in truth it would live on and grow"
"Але насправді вона житиме і зростатиме"
"because then I would replace my self with the teachings"
"тому що тоді я заміню себе вченнями"
"my self would be my duty to follow you"
"Моїм обов'язком було б іти за тобою"
"my self would be my love for you"
"Я був би моєю любов'ю до тебе"
"and my self would be the community of the monks!"
«А я сам був би спільнотою ченців!»
With half of a smile Gotama looked into the stranger's eyes
З половиною посмішки Готама подивився в очі незнайомцю
his eyes were unwaveringly open and kind
Його очі були непохитно відкритими і добрими
he bid him to leave with a hardly noticeable gesture
Він наказав йому піти ледь помітним жестом
"You are wise, oh Samana" the venerable one spoke
"Ти мудрий, о Самана", — промовив поважний
"You know how to talk wisely, my friend"
«Ти вмієш мудро говорити, друже»
"Be aware of too much wisdom!"
"Пам'ятайте про занадто багато мудрості!"
The Buddha turned away
Будда відвернувся
Siddhartha would never forget his glance
Сіддхартха ніколи не забуде свого погляду
his hald smile remained forever etched in Siddhartha's memory
його похмура посмішка назавжди закарбувалася в пам'яті Сіддхартхи
Siddhartha thought to himself
Сіддхартха подумав про себе
"I have never before seen a person glance and smile this way"
«Я ніколи раніше не бачив, щоб людина так поглядала і посміхалася»

"no one else sits and walks like he does"
«Ніхто інший не сидить і не ходить так, як він»
"truly, I wish to be able to glance and smile this way"
"Воістину, я хочу мати можливість так поглядати і посміхатися"
"I wish to be able to sit and walk this way, too"
"Я також хочу мати можливість сидіти і ходити цим шляхом"
"liberated, venerable, concealed, open, childlike and mysterious"
"Звільнений, поважний, прихований, відкритий, дитячий і таємничий"
"he must have succeeded in reaching the innermost part of his self"
"Він, мабуть, досяг успіху в досягненні найпотаємнішої частини свого "я"
"only then can someone glance and walk this way"
«Тільки тоді хтось може глянути і пройти цей шлях»
"I will also seek to reach the innermost part of my self"
"Я також буду прагнути досягти найпотаємнішої частини себе"
"I saw a man" Siddhartha thought
"Я бачив чоловіка", — подумав Сіддхартха
"a single man, before whom I would have to lower my glance"
"самотній чоловік, перед яким мені довелося б опустити погляд"
"I do not want to lower my glance before anyone else"
«Я не хочу опускати погляд ні перед ким іншим»
"No teachings will entice me more anymore"
"Ніякі вчення більше не спокушатимуть мене"
"because this man's teachings have not enticed me"
"Тому що вчення цього чоловіка не спокусили мене"
"I am deprived by the Buddha" thought Siddhartha
«Я обділений Буддою», - подумав Сіддхартха
"I am deprived, although he has given so much"
«Я обділений, хоча він так багато віддав»

"**he has deprived me of my friend**"
«Він позбавив мене мого друга»
"**my friend who had believed in me**"
"Мій друг, який повірив у мене"
"**my friend who now believes in him**"
"Мій друг, який тепер вірить у нього"
"**my friend who had been my shadow**"
"Мій друг, який був моєю тінню"
"**and now he is Gotama's shadow**"
"і тепер він тінь Готами"
"**but he has given me Siddhartha**"
"але він дав мені Сіддхартху"
"**he has given me myself**"
"Він дав мені себе"

Awakening
Пробудження

Siddhartha left the mango grove behind him
Сіддхартха залишив манговий гай позаду себе
but he felt his past life also stayed behind
Але він відчував, що його минуле життя також залишилося позаду
the Buddha, the perfected one, stayed behind
Будда, досконалий, залишився позаду
and Govinda stayed behind too
і Говінда теж залишився позаду
and his past life had parted from him
і його минуле життя розлучилося з ним
he pondered as he was walking slowly
Він розмірковував, повільно йдучи
he pondered about this sensation, which filled him completely
Він задумався над цим відчуттям, яке наповнило його повністю
He pondered deeply, like diving into a deep water
Він глибоко розмірковував, немов пірнав у глибоку воду
he let himself sink down to the ground of the sensation
Він дозволив собі опуститися на землю сенсації
he let himself sink down to the place where the causes lie
Він дозволив собі опуститися туди, де лежать причини
to identify the causes is the very essence of thinking
Виявити причини - сама суть мислення
this was how it seemed to him
Так йому здавалося
and by this alone, sensations turn into realizations
І тільки цим відчуття перетворюються в реалізації
and these sensations are not lost
І ці відчуття не втрачаються
but the sensations become entities
Але відчуття стають сутностями
and the sensations start to emit what is inside of them

І відчуття починають виділяти те, що знаходиться всередині них
they show their truths like rays of light
Вони показують свої істини, як промені світла
Slowly walking along, Siddhartha pondered
Повільно йдучи, Сіддхартха замислився
He realized that he was no youth any more
Він зрозумів, що вже не юнак
he realized that he had turned into a man
Він зрозумів, що перетворився на людину
He realized that something had left him
Він зрозумів, що його щось покинуло
the same way a snake is left by its old skin
точно так само змію залишає її стара шкіра
what he had throughout his youth no longer existed in him
Те, що він мав протягом усієї молодості, більше не існувало в ньому
it used to be a part of him; the wish to have teachers
раніше вона була його частиною; бажання мати вчителів
the wish to listen to teachings
бажання слухати вчення
He had also left the last teacher who had appeared on his path
Він також залишив останнього вчителя, який з'явився на його шляху
he had even left the highest and wisest teacher
Він навіть залишив найвищого і наймудрішого вчителя
he had left the most holy one, Buddha
він залишив найсвятішого, Будду
he had to part with him, unable to accept his teachings
Йому довелося розлучитися з ним, не в силах прийняти його вчення
Slower, he walked along in his thoughts
Повільніше він ішов у своїх думках
and he asked himself, "But what is this?"
і він запитав себе: "Але що це?"
"what have you sought to learn from teachings and from

teachers?"
"Чого ви прагнули навчитися з учень і від учителів?"
"and what were they, who have taught you so much?"
- І чого вони були, які вас так багато навчили?
"what are they if they have been unable to teach you?"
"Які вони, якщо вони не змогли навчити вас?"
And he found, "It was the self"
І він знайшов: "Це було я"
"it was the purpose and essence of which I sought to learn"
"це була мета і суть, про яку я прагнув дізнатися"
"It was the self I wanted to free myself from"
"Це було я, від якого я хотів звільнитися"
"the self which I sought to overcome"
"Я, яке я прагнув подолати"
"But I was not able to overcome it"
«Але я не зміг її подолати»
"I could only deceive it"
«Я міг тільки обдурити це»
"I could only flee from it"
«Я міг тільки втекти від цього»
"I could only hide from it"
«Я міг тільки сховатися від цього»
"Truly, no thing in this world has kept my thoughts so busy"
"Воістину, ніщо в цьому світі не тримало мої думки настільки зайнятими"
"I have been kept busy by the mystery of me being alive"
"Я був зайнятий таємницею того, що я живий"
"the mystery of me being one"
"Таємниця того, що я єдиний"
"the mystery if being separated and isolated from all others"
"Таємниця, якщо вона відокремлена та ізольована від усіх інших"
"the mystery of me being Siddhartha!"
"таємниця того, що я Сіддхартха!"
"And there is no thing in this world I know less about"
"І немає нічого в цьому світі, про що я знаю менше"
he had been pondering while slowly walking along

Він розмірковував, повільно йдучи
he stopped as these thoughts caught hold of him
Він зупинився, коли ці думки охопили його
and right away another thought sprang forth from these thoughts
і відразу ж з цих думок виникла інша думка
"there's one reason why I know nothing about myself"
"Є одна причина, чому я нічого не знаю про себе"
"there's one reason why Siddhartha has remained alien to me"
«Є одна причина, чому Сіддхартха залишився для мене чужим»
"all of this stems from one cause"
"Все це випливає з однієї причини"
"I was afraid of myself, and I was fleeing"
«Я боявся себе і тікав»
"I have searched for both Atman and Brahman"
«Я шукав і Атмана, і Брахмана»
"for this I was willing to dissect my self"
"за це я був готовий препарувати себе"
"and I was willing to peel off all of its layers"
"і я був готовий відклеїти всі його шари"
"I wanted to find the core of all peels in its unknown interior"
«Я хотів знайти серцевину всіх пілінгів в його невідомому інтер'єрі»
"the Atman, life, the divine part, the ultimate part"
"Атман, життя, божественна частина, найвища частина"
"But I have lost myself in the process"
«Але я втратив себе в процесі»
Siddhartha opened his eyes and looked around
Сіддхартха розплющив очі і озирнувся навколо
looking around, a smile filled his face
Озирнувшись, усмішка наповнила його обличчя
a feeling of awakening from long dreams flowed through him
Крізь нього протікало відчуття пробудження від довгих

снів
the feeling flowed from his head down to his toes
Почуття перетікало з його голови вниз до пальців ніг
And it was not long before he walked again
І невдовзі він знову пішов
he walked quickly, like a man who knows what he has got to do
Він ішов швидко, як людина, яка знає, що йому належить зробити
"now I will not let Siddhartha escape from me again!"
- Тепер я більше не дозволю Сіддхартхі втекти від мене!
"I no longer want to begin my thoughts and my life with Atman"
«Я більше не хочу починати свої думки і своє життя з Атмана»
"nor do I want to begin my thoughts with the suffering of the world"
"і я не хочу починати свої думки зі страждань світу"
"I do not want to kill and dissect myself any longer"
«Я більше не хочу вбивати і препарувати себе»
"Yoga-Veda shall not teach me any more"
«Йога-веда мене більше не навчить»
"nor Atharva-Veda, nor the ascetics"
«ні Атхарва-веда, ні подвижники»
"there will not be any kind of teachings"
"Не буде ніяких учень"
"I want to learn from myself and be my student"
«Я хочу вчитися у себе і бути моїм учнем»
"I want to get to know myself; the secret of Siddhartha"
"Я хочу пізнати себе; таємниця Сіддхартхи»

He looked around, as if he was seeing the world for the first time
Він озирнувся навколо, ніби вперше бачить світ
Beautiful and colourful was the world
Прекрасним і барвистим був світ
strange and mysterious was the world

Дивним і загадковим був світ
Here was blue, there was yellow, here was green
Тут був синій, був жовтий, тут зелений
the sky and the river flowed
Небо і річка текли
the forest and the mountains were rigid
Ліс і гори були жорсткими
all of the world was beautiful
Весь світ був прекрасний
all of it was mysterious and magical
Все це було загадковим і чарівним
and in its midst was he, Siddhartha, the awakening one
і серед неї був він, Сіддхартха, пробуджувач
and he was on the path to himself
І він був на шляху до себе
all this yellow and blue and river and forest entered Siddhartha
все це жовте і синє, річка і ліс увійшли в Сіддхартху
for the first time it entered through the eyes
вперше вона увійшла через очі
it was no longer a spell of Mara
це вже не було заклинанням Мари
it was no longer the veil of Maya
це вже не була завіса майя
it was no longer a pointless and coincidental
Це вже не було безглуздим і випадковим
things were not just a diversity of mere appearances
Речі були не просто різноманітністю простих виступів
appearances despicable to the deeply thinking Brahman
зовнішність, ганебна для глибоко мислячого Брахмана
the thinking Brahman scorns diversity, and seeks unity
мислячий Брахман зневажає різноманітність і шукає єдності
Blue was blue and river was river
Блакитний був блакитний, а річка була річкою
the singular and divine lived hidden in Siddhartha
єдине і божественне життя приховане в Сіддхартхі

divinity's way and purpose was to be yellow here, and blue there

Шлях і мета божественності полягала в тому, щоб бути жовтим тут, і синім там

there sky, there forest, and here Siddhartha

там небо, там ліс, а тут Сіддхартха

The purpose and essential properties was not somewhere behind the things

Призначення і істотні властивості не були десь за речами

the purpose and essential properties was inside of everything

Призначення і істотні властивості були всередині всього

"How deaf and stupid have I been!" he thought

«Який я був глухий і дурний!» — думав він

and he walked swiftly along

і він швидко пішов уздовж

"When someone reads a text he will not scorn the symbols and letters"

«Коли хтось читає текст, він не буде зневажати символи та літери»

"he will not call the symbols deceptions or coincidences"

«Він не назве символи обманом або збігами»

"but he will read them as they were written"

"Але Він прочитає їх так, як вони були написані"

"he will study and love them, letter by letter"

"Він буде вивчати і любити їх, буква за буквою"

"I wanted to read the book of the world and scorned the letters"

«Я хотів прочитати книгу світу і зневажав листи»

"I wanted to read the book of myself and scorned the symbols"

«Я хотів прочитати книгу про себе і зневажав символи»

"I called my eyes and my tongue coincidental"

«Я назвав очі і язик випадковим»

"I said they were worthless forms without substance"

"Я сказав, що це нікчемні форми без змісту"

"No, this is over, I have awakened"

«Ні, це скінчилося, я прокинувся»
"I have indeed awakened"
"Я дійсно прокинувся"
"I had not been born before this very day"
"Я не народився до цього дня"
In thinking these thoughts, Siddhartha suddenly stopped once again
Обмірковуючи ці думки, Сіддхартха раптом знову зупинився
he stopped as if there was a snake lying in front of him
Він зупинився, ніби перед ним лежала змія
suddenly, he had also become aware of something else
Раптом він також дізнався про щось інше
He was indeed like someone who had just woken up
Він дійсно був схожий на людину, яка щойно прокинулася
he was like a new-born baby starting life anew
Він був схожий на новонароджену дитину, яка починає життя заново
and he had to start again at the very beginning
І йому довелося починати знову на самому початку
in the morning he had had very different intentions
Вранці у нього були зовсім інші наміри
he had thought to return to his home and his father
Він думав повернутися додому і до батька
But now he stopped as if a snake was lying on his path
Але тепер він зупинився, ніби на його шляху лежить змія
he made a realization of where he was
Він усвідомив, де він знаходиться
"I am no longer the one I was"
"Я вже не той, ким був"
"I am no ascetic any more"
"Я більше не аскет"
"I am not a priest any more"
«Я вже не священик»
"I am no Brahman any more"
«Я більше не брахман»
"Whatever should I do at my father's place?"

"Що мені робити у батька?"
"Study? Make offerings? Practise meditation?"
"Вчитися? Робити підношення? Практикувати медитацію?"
"But all this is over for me"
«Але все це для мене скінчилося»
"all of this is no longer on my path"
"Все це більше не на моєму шляху"
Motionless, Siddhartha remained standing there
Нерухомий, Сіддхартха залишився стояти там
and for the time of one moment and breath, his heart felt cold
і на час однієї миті і подиху його серце відчувало холод
he felt a coldness in his chest
Він відчув холод у грудях
the same feeling a small animal feels when it sees how alone it is
Те ж саме почуття відчуває і маленька тварина, коли бачить, наскільки воно самотнє
For many years, he had been without home and had felt nothing
Багато років він був без дому і нічого не відчував
Now, he felt he had been without a home
Тепер він відчув, що залишився без дому
Still, even in the deepest meditation, he had been his father's son
Тим не менш, навіть у найглибшій медитації він був сином свого батька
he had been a Brahman, of a high caste
він був брахманом, з вищої касти
he had been a cleric
Він був священнослужителем
Now, he was nothing but Siddhartha, the awoken one
Тепер він був не що інше, як Сіддхартха, пробуджений
nothing else was left of him
Більше від нього нічого не залишилося
Deeply, he inhaled and felt cold

Глибоко він вдихнув і відчув холод
a shiver ran through his body
Тремтіння пробігло по його тілу
Nobody was as alone as he was
Ніхто не був таким самотнім, як він
There was no nobleman who did not belong to the noblemen
Не було дворянина, який не належав би до дворян
there was no worker that did not belong to the workers
не було робітника, який не належав би до робітників
they had all found refuge among themselves
Всі вони знайшли притулок між собою
they shared their lives and spoke their languages
Вони ділилися своїм життям і говорили своїми мовами
there are no Brahman who would not be regarded as Brahmans
немає брахманів, які не вважалися б брахманами
and there are no Brahmans that didn't live as Brahmans
і немає брахманів, які не жили б як брахмани
there are no ascetic who could not find refuge with the Samanas
немає подвижника, який не зміг би знайти притулку у саман
and even the most forlorn hermit in the forest was not alone
І навіть самий забутий відлюдник в лісі був не один
he was also surrounded by a place he belonged to
Він також був оточений місцем, якому належав
he also belonged to a caste in which he was at home
Також він належав до касти, в якій перебував вдома
Govinda had left him and became a monk
Говінда покинув його і став ченцем
and a thousand monks were his brothers
і тисяча ченців були його братами
they wore the same robe as him
Вони носили таку ж одежу, як і він
they believed in his faith and spoke his language
Вони вірили в його віру і говорили його мовою

But he, Siddhartha, where did he belong to?
Але він, Сіддхартха, куди він належав?
With whom would he share his life?
З ким би він розділив своє життя?
Whose language would he speak?
Чиєю мовою він би говорив?
the world melted away all around him
світ розтанув навколо нього
he stood alone like a star in the sky
Він стояв один, як зірка на небі
cold and despair surrounded him
Холод і відчай оточували його
but Siddhartha emerged out of this moment
але Сіддхартха вийшов з цього моменту
Siddhartha emerged more his true self than before
Сіддхартха став більш справжнім «я», ніж раніше
he was more firmly concentrated than he had ever been
Він був більш сконцентрований, ніж будь-коли
He felt; "this had been the last tremor of the awakening"
Він відчував; "Це був останній тремор пробудження"
"the last struggle of this birth"
"Остання боротьба цього народження"
And it was not long until he walked again in long strides
І невдовзі він знову пішов довгими кроками
he started to proceed swiftly and impatiently
Він почав діяти швидко і нетерпляче
he was no longer going home
Він більше не збирався додому
he was no longer going to his father
Він більше не збирався до батька

Part Two - Частина друга
***
Kamala
Камала

Siddhartha learned something new on every step of his path
Сіддхартха дізнавався щось нове на кожному кроці свого шляху
because the world was transformed and his heart was enchanted
Тому що світ змінився і його серце було зачароване
He saw the sun rising over the mountains
Він побачив, як сонце сходить над горами
and he saw the sun setting over the distant beach
і він побачив, як сонце сідає над далеким пляжем
At night, he saw the stars in the sky in their fixed positions
Вночі він бачив зірки на небі в їх нерухомих положеннях
and he saw the crescent of the moon floating like a boat in the blue
і він побачив півмісяць пливе, як човен у блакиті
He saw trees, stars, animals, and clouds
Він бачив дерева, зірки, тварин і хмари
rainbows, rocks, herbs, flowers, streams and rivers
веселки, скелі, трави, квіти, струмки і річки
he saw the glistening dew in the bushes in the morning
Вранці він побачив блискучу росу в кущах
he saw distant high mountains which were blue
Він побачив далекі високі гори, які були синіми
wind blew through the rice-field
Вітер дув через рисове поле
all of this, a thousand-fold and colourful, had always been there
Все це, тисячократне і барвисте, завжди було там
the sun and the moon had always shone
Сонце і місяць світили завжди
rivers had always roared and bees had always buzzed
Річки завжди ревіли, а бджоли завжди дзижчали

but in former times all of this had been a deceptive veil
Але в колишні часи все це було оманливою завісою
to him it had been nothing more than fleeting
Для нього це було не більше ніж скороминущим
it was supposed to be looked upon in distrust
Передбачалося, що на нього дивляться з недовірою
it was destined to be penetrated and destroyed by thought
Їй судилося бути пронизаною і знищеною думкою
since it was not the essence of existence
оскільки це не було суттю існування
since this essence lay beyond, on the other side of, the visible
Оскільки ця сутність лежала за межами, по той бік, видимого
But now, his liberated eyes stayed on this side
Але тепер його звільнені очі залишилися на цьому боці
he saw and became aware of the visible
Він побачив і усвідомив видиме
he sought to be at home in this world
Він прагнув бути вдома в цьому світі
he did not search for the true essence
Він не шукав справжньої сутності
he did not aim at a world beyond
Він не прагнув до світу поза межами
this world was beautiful enough for him
Цей світ був для нього досить прекрасним
looking at it like this made everything childlike
Дивлячись на це так, все робилося по-дитячому
Beautiful were the moon and the stars
Прекрасними були місяць і зірки
beautiful was the stream and the banks
Прекрасним був струмок і береги
the forest and the rocks, the goat and the gold-beetle
Ліс і скелі, коза і златоїд
the flower and the butterfly; beautiful and lovely it was
квітка і метелик; Красиво і прекрасно це було
to walk through the world was childlike again

Ходити світом знову стало по-дитячому
this way he was awoken
Таким чином він прокинувся
this way he was open to what is near
Таким чином він був відкритий до того, що знаходиться поруч
this way he was without distrust
Таким чином він був без недовіри
differently the sun burnt the head
По-іншому сонце обпікало голову
differently the shade of the forest cooled him down
По-іншому тінь лісу охолоджувала його
differently the pumpkin and the banana tasted
по-різному гарбуз і банан на смак
Short were the days, short were the nights
Короткими були дні, короткими були ночі
every hour sped swiftly away like a sail on the sea
Кожна година стрімко відводилася, як вітрило по морю
and under the sail was a ship full of treasures, full of joy
А під вітрилом стояв корабель, повний скарбів, повний радості
Siddhartha saw a group of apes moving through the high canopy
Сіддхартха побачив групу мавп, що рухалися через високий навіс
they were high in the branches of the trees
Вони були високо в гілках дерев
and he heard their savage, greedy song
І він почув їхню дикунську, жадібну пісню
Siddhartha saw a male sheep following a female one and mating with her
Сіддхартха побачив самця вівці, який слідував за самкою і спаровувався з нею
In a lake of reeds, he saw the pike hungrily hunting for its dinner
В очеретяному озері він побачив щуку, яка жадібно полює за своїм обідом

young fish were propelling themselves away from the pike
Молоді риби відганялися від щуки
they were scared, wiggling and sparkling
Вони були налякані, погойдувалися і іскрилися
the young fish jumped in droves out of the water
Молоді рибки натовпами вистрибували з води
the scent of strength and passion came forcefully out of the water
Аромат сили і пристрасті з силою виходив з води
and the pike stirred up the scent
І щука сколихнула аромат
All of this had always existed
Все це існувало завжди
and he had not seen it, nor had he he been with it
і він не бачив цього, і він не був з нею
Now he was with it and he was part of it
Тепер він був з нею і був її частиною
Light and shadow ran through his eyes
Світло і тінь пробігли по його очах
stars and moon ran through his heart
Зірки і місяць пробігли крізь його серце

Siddhartha remembered everything he had experienced in the Garden Jetavana
Сіддхартха згадав усе, що пережив у саду Джетавана
he remembered the teaching he had heard there from the divine Buddha
він пам'ятав вчення, яке почув там від божественного Будди
he remembered the farewell from Govinda
він згадав прощання з Говіндою
he remembered the conversation with the exalted one
Він згадав розмову з піднесеним
Again he remembered his own words that he had spoken to the exalted one
Він знову згадав свої власні слова, які сказав піднесеному
he remembered every word

Він пам'ятав кожне слово
he realized he had said things which he had not really known
Він зрозумів, що сказав речі, яких насправді не знав
he astonished himself with what he had said to Gotama
він здивував себе тим, що сказав Готамі
the Buddha's treasure and secret was not the teachings
скарб і таємниця Будди не були вченням
but the secret was the inexpressable and not teachable
Але секрет був невимовним і не піддається навчанню
the secret which he had experienced in the hour of his enlightenment
таємниця, яку він пережив у годину свого просвітлення
the secret was nothing but this very thing which he had now gone to experience
Таємниця полягала не в чому іншому, крім того, що він тепер випробував
the secret was what he now began to experience
Секрет полягав у тому, що він тепер почав відчувати
Now he had to experience his self
Тепер йому довелося випробувати себе
he had already known for a long time that his self was Atman
він уже давно знав, що його «я» — Атман
he knew Atman bore the same eternal characteristics as Brahman
він знав, що Атман має ті самі вічні характеристики, що й Брахман
But he had never really found this self
Але насправді він ніколи не знаходив цього
because he had wanted to capture the self in the net of thought
тому що він хотів захопити себе в тенета думки
but the body was not part of the self
Але тіло не було частиною самого себе
it was not the spectacle of the senses
Це не було видовищем почуттів

so it also was not the thought, nor the rational mind
Так що це також не була ні думка, ні раціональний розум
it was not the learned wisdom, nor the learned ability
Це не була ні вивчена мудрість, ні вивчені здібності
from these things no conclusions could be drawn
З цих речей не можна було зробити ніяких висновків
No, the world of thought was also still on this side
Ні, світ думки теж все ще був по цей бік
Both, the thoughts as well as the senses, were pretty things
І думки, і почуття, були гарними речами
but the ultimate meaning was hidden behind both of them
Але кінцевий сенс ховався за ними обома
both had to be listened to and played with
Обох потрібно було слухати і грати з
neither had to be scorned nor overestimated
Ні зневажати, ні переоцінювати не доводилося
there were secret voices of the innermost truth
Були таємні голоси найпотаємнішої істини
these voices had to be attentively perceived
Ці голоси треба було уважно сприймати
He wanted to strive for nothing else
Він не хотів прагнути ні до чого іншого
he would do what the voice commanded him to do
Він робив те, що голос наказував йому робити
he would dwell where the voices adviced him to
Він зупинявся там, де голоси радили йому
Why had Gotama sat down under the bo-tree?
Чому Готама сів під бо-дерево?
He had heard a voice in his own heart
Він почув голос у своєму власному серці
a voice which had commanded him to seek rest under this tree
голос, який наказав йому шукати спокою під цим деревом
he could have gone on to make offerings
Він міг би продовжувати приносити жертви
he could have performed his ablutions
Він міг здійснювати свої обмивання

he could have spent that moment in prayer
Він міг провести той момент у молитві
he had not choosen to eat or drink
Він не вирішив ні їсти, ні пити
he had not chosen to sleep or dream
Він не вирішив ні спати, ні мріяти
instead, he had obeyed the voice
замість цього він послухався голосу
To obey like this was good
Підкорятися так було добре
it was good not to obey to an external command
Добре було не підкорятися зовнішній команді
it was good to obey only the voice
Добре було слухатися тільки голосу
to be ready like this was good and necessary
Бути готовим так було добре і необхідно
there was nothing else that was necessary
Більше не було нічого необхідного

in the night Siddhartha got to a river
вночі Сіддхартха дістався до річки
he slept in the straw hut of a ferryman
Він спав у солом'яній хатинці паромщика
this night Siddhartha had a dream
цієї ночі Сіддхартха наснився сон
Govinda was standing in front of him
Говінда стояв перед ним
he was dressed in the yellow robe of an ascetic
Він був одягнений у жовту одежу подвижника
Sad was how Govinda looked
Сумно було, як виглядала Говінда
sadly he asked, "Why have you forsaken me?"
Він сумно запитав: "Чому ти покинув мене?"
Siddhartha embraced Govinda, and wrapped his arms around him
Сіддхартха обійняв Говінду і обхопив його руками
he pulled him close to his chest and kissed him

Він притягнув його до грудей і поцілував
but it was not Govinda anymore, but a woman
але це вже була не Говінда, а жінка
a full breast popped out of the woman's dress
З жіночої сукні вискочили повні груди
Siddhartha lay and drank from the breast
Сіддхартха лежав і пив з грудей
sweetly and strongly tasted the milk from this breast
солодко і сильно скуштував молока з цієї грудки
It tasted of woman and man
Це смакувало жінку і чоловіка
it tasted of sun and forest
Смакувало сонце і ліс
it tasted of animal and flower
На смак тварина і квітка
it tasted of every fruit and every joyful desire
У ньому смакував кожен плід і кожне радісне бажання
It intoxicated him and rendered him unconscious
Це сп'янило його і знепритомніло
Siddhartha woke up from the dream
Сіддхартха прокинувся від сну
the pale river shimmered through the door of the hut
Бліда річка переливалася крізь двері хатини
a dark call of an owl resounded deeply through the forest
Темний поклик сови глибоко пролунав по лісі
Siddhartha asked the ferryman to get him across the river
Сіддхартха попросив перевізника перевезти його через річку
The ferryman got him across the river on his bamboo-raft
Паромщик перевіз його через річку на своєму бамбуковому плоту
the water shimmered reddish in the light of the morning
Вода переливалася червонуватою при світлі ранку
"This is a beautiful river," he said to his companion
"Це прекрасна річка", — сказав він своєму супутнику
"Yes," said the ferryman, "a very beautiful river"
- Так, - сказав паромщик, - дуже красива річка.

"I love it more than anything"
"Я люблю це більше за все"
"Often I have listened to it"
"Часто я слухав це"
"often I have looked into its eyes"
"Часто я дивився йому в очі"
"and I have always learned from it"
"і я завжди вчився на цьому"
"Much can be learned from a river"
«Багато чому можна навчитися з річки»
"I thank you, my benefactor" spoke Siddhartha
— Дякую тобі, мій благодійнику, — промовив Сіддхартха
he disembarked on the other side of the river
Він висадився на іншому березі річки
"I have no gift I could give you for your hospitality, my dear"
"У мене немає подарунка, який я міг би дати тобі за твою гостинність, моя люба"
"and I also have no payment for your work"
"і я також не маю оплати за вашу роботу"
"I am a man without a home"
"Я людина без дому"
"I am the son of a Brahman and a Samana"
"Я син брахмана і самани"
"I did see it," spoke the ferryman
— Я бачив це, — промовив паромщик
"I did not expect any payment from you"
«Я не очікував від вас ніякої оплати»
"it is custim for guests to bear a gift"
"Це піклування про те, щоб гості несли подарунок"
"but I did not expect this from you either"
- Але і від вас цього я не очікував:
"You will give me the gift another time"
"Ти зробиш мені подарунок іншим разом"
"Do you think so?" asked Siddhartha, bemusedly
«Ти так думаєш?» — здивовано запитав Сіддхартха
"I am sure of it," replied the ferryman

- Я в цьому впевнений, - відповів перевізник
"This too, I have learned from the river"
"Цього я теж навчився з річки"
"everything that goes comes back!"
«Все, що відбувається, повертається!»
"You too, Samana, will come back"
"Ти теж, Самана, повернешся"
"Now farewell! Let your friendship be my reward"
"Тепер прощавай! Нехай твоя дружба буде моєю нагородою»
"Commemorate me, when you make offerings to the gods"
"Поминайте мене, коли приносите жертви богам"
Smiling, they parted from each other
Посміхаючись, вони розлучилися один з одним
Smiling, Siddhartha was happy about the friendship
Посміхаючись, Сіддхартха був радий дружбі
and he was happy about the kindness of the ferryman
І він зрадів доброті паромщика
"He is like Govinda," he thought with a smile
"Він схожий на Говінду", - подумав він з посмішкою
"all I meet on my path are like Govinda"
"все, що я зустрічаю на своєму шляху, схоже на Говінду"
"All are thankful for what they have"
"Всі вдячні за те, що мають"
"but they are the ones who would have a right to receive thanks"
«Але саме вони матимуть право отримувати подяку»
"all are submissive and would like to be friends"
"Всі покірні і хотіли б дружити"
"all like to obey and think little"
«Всі люблять слухатися і мало думати»
"all people are like children"
«Всі люди як діти»

At about noon, he came through a village
Близько полудня він прийшов через село
In front of the mud cottages, children were rolling about in

the street
Перед грязьовими котеджами на вулиці валялися діти
they were playing with pumpkin-seeds and sea-shells
Вони гралися з гарбузовим насінням і морськими черепашками
they screamed and wrestled with each other
Вони кричали і боролися один з одним
but they all timidly fled from the unknown Samana
але всі вони боязко втекли від невідомої Самани
In the end of the village, the path led through a stream
В кінці села стежка вела через струмок
by the side of the stream, a young woman was kneeling
Біля струмка стояла на колінах молода жінка
she was washing clothes in the stream
Вона прала одяг у потоці
When Siddhartha greeted her, she lifted her head
Коли Сіддхартха привітався з нею, вона підняла голову
and she looked up to him with a smile
І вона подивилася на нього з посмішкою
he could see the white in her eyes glistening
Він бачив, як біла в її очах блищала
He called out a blessing to her
Він благословив її
this was the custom among travellers
Таким був звичай серед мандрівників
and he asked how far it was to the large city
І він запитав, як далеко до великого міста
Then she got up and came to him
Потім вона встала і підійшла до нього
beautifully her wet mouth was shimmering in her young face
Її мокрий рот переливався в молодому обличчі
She exchanged humorous banter with him
Вона обмінялася з ним жартівливими стьобами
she asked whether he had eaten already
Вона запитала, чи він уже їв
and she asked curious questions

І вона задавала цікаві питання
"is it true that the Samanas slept alone in the forest at night?"
"Чи правда, що самани спали вночі одні в лісі?"
"is it true Samanas are not allowed to have women with them"
"Чи правда, що Саманам не дозволено мати з собою жінок"
While talking, she put her left foot on his right one
Під час розмови вона поставила ліву ногу на праву
the movement of a woman who would want to initiate sexual pleasure
рух жінки, яка хотіла б ініціювати сексуальне задоволення
the textbooks call this "climbing a tree"
Підручники називають це «лазіння по дереву»
Siddhartha felt his blood heating up
Сіддхартха відчув, як його кров нагрівається
he had to think of his dream again
Йому довелося знову думати про свою мрію
he bend slightly down to the woman
Він злегка нахилився до жінки
and he kissed with his lips the brown nipple of her breast
і він поцілував губами коричневий сосок її грудей
Looking up, he saw her face smiling
Підвівши очі, він побачив її обличчя, яке посміхалося
and her eyes were full of lust
і очі її були сповнені похоті
Siddhartha also felt desire for her
Сіддхартха також відчував бажання до неї
he felt the source of his sexuality moving
Він відчував, як зворушується джерело його сексуальності
but he had never touched a woman before
Але він ніколи раніше не торкався жінки
so he hesitated for a moment
Тож він якусь мить завагався
his hands were already prepared to reach out for her
Його руки вже були готові простягнути їй руку
but then he heard the voice of his innermost self

Але потім він почув голос свого найпотаємнішого «я»
he shuddered with awe at his voice
Він здригнувся від трепету від свого голосу
and this voice told him no
І цей голос сказав йому «ні»
all charms disappeared from the young woman's smiling face
Всі чари зникли з усміхненого обличчя молодої жінки
he no longer saw anything else but a damp glance
Він більше не бачив нічого іншого, крім вологого погляду
all he could see was female animal in heat
Все, що він міг бачити, - це самка тварини в теплі
Politely, he petted her cheek
Ввічливо він погладив її по щоці
he turned away from her and disappeared away
Він відвернувся від неї і зник
he left from the disappointed woman with light steps
Він пішов від розчарованої жінки легкими кроками
and he disappeared into the bamboo-wood
і він зник у бамбуковому лісі

he reached the large city before the evening
До великого міста він дістався ще до вечора
and he was happy to have reached the city
І він був щасливий, що дістався до міста
because he felt the need to be among people
тому що він відчував потребу бути серед людей
or a long time, he had lived in the forests
або довгий час він жив у лісах
for first time in a long time he slept under a roof
Вперше за довгий час він спав під дахом
Before the city was a beautifully fenced garden
Раніше місто було красиво обгородженим садом
the traveller came across a small group of servants
Мандрівник натрапив на невелику групу слуг
the servants were carrying baskets of fruit
слуги несли кошики з фруктами

four servants were carrying an ornamental sedan-chair
Четверо слуг несли декоративне крісло-седан
on this chair sat a woman, the mistress
На цьому стільці сиділа жінка-господиня
she was on red pillows under a colourful canopy
Вона була на червоних подушках під барвистим балдахіном
Siddhartha stopped at the entrance to the pleasure-garden
Сіддхартха зупинився біля входу в прогулянковий сад
and he watched the parade go by
І він спостерігав, як проходить парад
he saw saw the servants and the maids
Він бачив слуг і служниць
he saw the baskets and the sedan-chair
Він побачив кошики і крісло-седан
and he saw the lady on the chair
І він побачив даму на стільці
Under her black hair he saw a very delicate face
Під її чорним волоссям він побачив дуже ніжне обличчя
a bright red mouth, like a freshly cracked fig
яскраво-червоний рот, як у свіжотріснутого інжиру
eyebrows which were well tended and painted in a high arch
брови, які були добре підтягнуті і пофарбовані у високу арку
they were smart and watchful dark eyes
Це були розумні і пильні темні очі
a clear, tall neck rose from a green and golden garment
Ясна, висока шия піднялася із зелено-золотого вбрання
her hands were resting, long and thin
Її руки відпочивали, довгі і тонкі
she had wide golden bracelets over her wrists
На зап'ястях у неї були широкі золоті браслети
Siddhartha saw how beautiful she was, and his heart rejoiced
Сіддхартха побачив, яка вона красива, і його серце зраділо
He bowed deeply, when the sedan-chair came closer

Він глибоко вклонився, коли седан-крісло підійшло ближче
straightening up again, he looked at the fair, charming face
Знову випроставшись, він подивився на світле, чарівне обличчя
he read her smart eyes with the high arcs
Він читав її розумні очі високими дугами
he breathed in a fragrance of something he did not know
Він вдихнув пахощі чогось, чого не знав
With a smile, the beautiful woman nodded for a moment
З посмішкою красуня на мить кивнула
then she disappeared into the garden
потім вона зникла в саду
and then the servants disappeared as well
А потім зникли і слуги
"I am entering this city with a charming omen" Siddhartha thought
«Я входжу в це місто з чарівною прикметою», - подумав Сіддхартха
He instantly felt drawn into the garden
Він миттєво відчув себе втягнутим у сад
but he thought about his situation
Але він думав про своє становище
he became aware of how the servants and maids had looked at him
Він дізнався, як на нього дивляться слуги і служниці
they thought him despicable, distrustful, and rejected him
Вони вважали його мерзенним, недовірливим і відкидали його
"I am still a Samana" he thought
"Я все ще самана", — подумав він
"I am still an ascetic and beggar"
«Я все ще аскет і жебрак»
"I must not remain like this"
«Я не повинен залишатися таким»
"I will not be able to enter the garden like this," he laughed
- Я не зможу так увійти в сад, - засміявся він

he asked the next person who came along the path about the garden
— запитав він наступного чоловіка, який ішов стежкою навколо саду
and he asked for the name of the woman
і він попросив назвати ім'я жінки
he was told that this was the garden of Kamala, the famous courtesan
йому сказали, що це сад Камали, знаменитої куртизанки
and he was told that she also owned a house in the city
І йому сказали, що вона також володіє будинком у місті
Then, he entered the city with a goal
Потім він увійшов у місто з метою
Pursuing his goal, he allowed the city to suck him in
Переслідуючи свою мету, він дозволив місту засмоктати його
he drifted through the flow of the streets
Він дрейфував крізь потік вулиць
he stood still on the squares in the city
Він завмер на площах міста
he rested on the stairs of stone by the river
Він спочивав на кам'яних сходах біля річки
When the evening came, he made friends with a barber's assistant
Коли настав вечір, він подружився з помічником перукаря
he had seen him working in the shade of an arch
Він бачив, як він працював у тіні арки
and he found him again praying in a temple of Vishnu
і він знову знайшов його, що молиться в храмі Вішну
he told about stories of Vishnu and the Lakshmi
він розповів про історії Вішну і Лакшмі
Among the boats by the river, he slept this night
Серед човнів біля річки він спав цієї ночі
Siddhartha came to him before the first customers came into his shop
Сіддхартха прийшов до нього раніше, ніж в його магазин прийшли перші покупці

he had the barber's assistant shave his beard and cut his hair
Помічник перукаря поголив бороду і підстриг волосся
he combed his hair and anointed it with fine oil
Він розчесав волосся і помазав його дрібним маслом
Then he went to take his bath in the river
Потім він пішов прийняти купання в річці

late in the afternoon, beautiful Kamala approached her garden
Пізно вдень до свого саду підійшла прекрасна Камала
Siddhartha was standing at the entrance again
Сіддхартха знову стояв біля входу
he made a bow and received the courtesan's greeting
Він зробив уклін і отримав привітання куртизанки
he got the attention of one of the servant
Він привернув увагу одного зі слуг
he asked him to inform his mistress
Він попросив його повідомити про це коханці
"a young Brahman wishes to talk to her"
«Молодий брахман бажає поговорити з нею»
After a while, the servant returned
Через деякий час слуга повернувся
the servant asked Siddhartha to follow him
слуга попросив Сіддхартху піти за ним
Siddhartha followed the servant into a pavilion
Сіддхартха пішов за слугою в павільйон
here Kamala was lying on a couch
тут Камала лежала на дивані
and the servant left him alone with her
і слуга залишив його наодинці з нею
"Weren't you also standing out there yesterday, greeting me?" asked Kamala
"Хіба ти не стояла там вчора, віталася зі мною?" - запитала Камала
"It's true that I've already seen and greeted you yesterday"
"Це правда, що я вже бачив і вітав вас вчора"
"But didn't you yesterday wear a beard, and long hair?"

- Але хіба ти вчора не носив бороду і довге волосся?
"and was there not dust in your hair?"
- І хіба в твоєму волоссі не було пилу?
"You have observed well, you have seen everything"
«Ви добре спостерігали, ви все бачили»
"You have seen Siddhartha, the son of a Brahman"
«Ви бачили Сіддхартху, сина брахмана»
"the Brahman who has left his home to become a Samana"
"Брахман, який залишив свій дім, щоб стати саманою"
"the Brahman who has been a Samana for three years"
"Брахман, який був саманою протягом трьох років"
"But now, I have left that path and came into this city"
"Але тепер я залишив цей шлях і прийшов у це місто"
"and the first one I met, even before I had entered the city, was you"
"і першим, кого я зустрів, ще до того, як я увійшов у місто, був ти"
"To say this, I have come to you, oh Kamala!"
- Щоб сказати це, я прийшов до тебе, о Камала!
"before, Siddhartha addressed all woman with his eyes to the ground"
«Раніше Сіддхартха звертався до всіх жінок очима до землі»
"You are the first woman whom I address otherwise"
«Ти перша жінка, до якої я звертаюся інакше»
"Never again do I want to turn my eyes to the ground"
"Ніколи більше я не хочу звертати свій погляд на землю"
"I won't turn when I'm coming across a beautiful woman"
«Я не повернуся, коли натрапив на красиву жінку»
Kamala smiled and played with her fan of peacocks' feathers
Камала посміхнулася і пограла зі своїм шанувальником пір'я павичів
"And only to tell me this, Siddhartha has come to me?"
- І тільки щоб сказати мені це, Сіддхартха прийшов до мене?
"To tell you this and to thank you for being so beautiful"

"Сказати вам це і подякувати вам за те, що ви такі красиві"
"I would like to ask you to be my friend and teacher"
"Я хотів би попросити тебе бути моїм другом і вчителем"
"for I know nothing yet of that art which you have mastered"
"бо я ще нічого не знаю про те мистецтво, яке ви опанували"
At this, Kamala laughed aloud
На це Камала вголос розсміялася
"Never before this has happened to me, my friend"
"Ніколи раніше такого не траплялося зі мною, друже"
"a Samana from the forest came to me and wanted to learn from me!"
«До мене прийшла Самана з лісу і хотіла вчитися у мене!»
"Never before this has happened to me"
"Ніколи раніше зі мною такого не траплялося"
"a Samana came to me with long hair and an old, torn loincloth!"
"До мене прийшла Самана з довгим волоссям і старою, порваною пов'язкою на стегнах!"
"Many young men come to me"
"Багато юнаків приходить до мене"
"and there are also sons of Brahmans among them"
"і є серед них також сини брахманів"
"but they come in beautiful clothes"
«Але вони приходять в красивому одязі»
"they come in fine shoes"
"Вони приходять у чудовому взутті"
"they have perfume in their hair
«У них парфуми у волоссі
"and they have money in their pouches"
«І у них гроші в мішечках»
"This is how the young men are like, who come to me"
"Ось такі юнаки, які приходять до мене"
Spoke Siddhartha, "Already I am starting to learn from you"
Промовив Сіддхартха: «Я вже починаю вчитися у тебе»
"Even yesterday, I was already learning"
«Ще вчора я вже вчився»

"I have already taken off my beard"
«Я вже зняв бороду»
"I have combed the hair"
«Я розчесав волосся»
"and I have oil in my hair"
"і в моєму волоссі олія"
"There is little which is still missing in me"
"Мало чого ще не вистачає в мені"
"oh excellent one, fine clothes, fine shoes, money in my pouch"
"О, відмінний, гарний одяг, вишукане взуття, гроші в сумці"
"You shall know Siddhartha has set harder goals for himself"
"Ви знаєте, що Сіддхартха поставив перед собою важчі цілі"
"and he has reached these goals"
"І він досяг цих цілей"
"How shouldn't I reach that goal?"
"Як мені не досягти цієї мети?"
"the goal which I have set for myself yesterday"
«мета, яку я поставив перед собою вчора»
"to be your friend and to learn the joys of love from you"
"Бути твоїм другом і вчитися від тебе радощів любові"
"You'll see that I'll learn quickly, Kamala"
"Ти побачиш, що я швидко навчуся, Камала"
"I have already learned harder things than what you're supposed to teach me"
"Я вже навчився важчим речам, ніж те, чого ти повинен мене навчити"
"And now let's get to it"
«А тепер давайте перейдемо до цього»
"You aren't satisfied with Siddhartha as he is?"
- Ви не задоволені Сіддхартхою таким, яким він є?
"with oil in his hair", but without clothes
«з маслом у волоссі», але без одягу
"Siddhartha without shoes, without money"

«Сіддхартха без взуття, без грошей»
Laughing, Kamala exclaimed, "No, my dear"
Сміючись, Камала вигукнула: «Ні, моя люба»
"he doesn't satisfy me, yet"
"Він мене поки не задовольняє"
"Clothes are what he must have"
"Одяг - це те, що він повинен мати"
"pretty clothes, and shoes is what he needs"
"Гарний одяг, а взуття - це те, що йому потрібно"
"pretty shoes, and lots of money in his pouch"
"Гарне взуття та багато грошей у сумці"
"and he must have gifts for Kamala"
"і він повинен мати дари для Камали"
"Do you know it now, Samana from the forest?"
— Ти знаєш це тепер, Самана з лісу?
"Did you mark my words?"
"Ти позначив мої слова?"
"Yes, I have marked your words," Siddhartha exclaimed
— Так, я позначив твої слова, — вигукнув Сіддхартха
"How should I not mark words which are coming from such a mouth!"
"Як я не повинен позначати слова, які виходять з таких уст!"
"Your mouth is like a freshly cracked fig, Kamala"
«Твій рот схожий на свіжопотрісканий інжир, Камала»
"My mouth is red and fresh as well"
"Мій рот також червоний і свіжий"
"it will be a suitable match for yours, you'll see"
"Це буде підходящий матч для вашого, ви побачите"
"But tell me, beautiful Kamala"
«Але скажи мені, красуня Камала»
"aren't you at all afraid of the Samana from the forest""
"Ти зовсім не боїшся Самани з лісу""
"the Samana who has come to learn how to make love"
"Самана, яка прийшла, щоб навчитися займатися любов'ю"
"Whatever for should I be afraid of a Samana?"

"Навіщо мені боятися самани?"
"a stupid Samana from the forest"
«дурна Самана з лісу»
"a Samana who is coming from the jackals"
"Самана, яка йде від шакалів"
"a Samana who doesn't even know yet what women are?"
"Самана, яка ще навіть не знає, що таке жінки?"
"Oh, he's strong, the Samana"
"О, він сильний, Самана"
"and he isn't afraid of anything"
«І він нічого не боїться»
"He could force you, beautiful girl"
«Він міг би змусити тебе, красива дівчино»
"He could kidnap you and hurt you"
"Він міг викрасти вас і заподіяти вам біль"
"No, Samana, I am not afraid of this"
"Ні, Самана, я цього не боюся"
"Did any Samana or Brahman ever fear someone might come and grab him?"
«Чи боявся хто-небудь Самана або Брахман коли-небудь боятися, що хтось може прийти і схопити його?»
"could he fear someone steals his learning?"
"Чи може він боятися, що хтось вкраде його навчання?
"could anyone take his religious devotion"
"Чи міг хтось прийняти його релігійну відданість"
"is it possible to take his depth of thought?"
"Чи можна взяти його глибину думки?"
"No, because these things are his very own"
"Ні, тому що ці речі є його власними"
"he would only give away the knowledge he is willing to give"
"Він віддав би лише ті знання, які готовий дати"
"he would only give to those he is willing to give to"
"Він дасть лише тим, кому готовий дати"
"precisely like this it is also with Kamala"
"Саме так само і з Камалою"
"and it is the same way with the pleasures of love"

«І так само з радощами любові»
"Beautiful and red is Kamala's mouth," answered Siddhartha
— Гарний і червоний рот Камали, — відповів Сіддхартха
"but don't try to kiss it against Kamala's will"
"але не намагайся поцілувати його проти волі Камали"
"because you will not obtain a single drop of sweetness from it"
"тому що ви не отримаєте від нього жодної краплі солодощі"
"You are learning easily, Siddhartha"
"Ти легко вчишся, Сіддхартха"
"you should also learn this"
"Ви також повинні навчитися цьому"
"love can be obtained by begging, buying"
«Любов можна здобути жебрацтвом, купівлею»
"you can receive it as a gift"
«Ти можеш отримати його в подарунок»
"or you can find it in the street"
«Або ви можете знайти його на вулиці»
"but love cannot be stolen"
«Але любов не вкрати»
"In this, you have come up with the wrong path"
«У цьому ви вийшли на неправильний шлях»
"it would be a pity if you would want to tackle love in such a wrong manner"
"Було б шкода, якби ви хотіли зайнятися любов'ю таким неправильним чином"
Siddhartha bowed with a smile
Сіддхартха вклонився з посмішкою
"It would be a pity, Kamala, you are so right"
«Шкода, Камала, ти так права»
"It would be such a great pity"
«Було б дуже шкода»
"No, I shall not lose a single drop of sweetness from your mouth"
"Ні, я не втрачу жодної краплі солодощі з твоїх уст"
"nor shall you lose sweetness from my mouth"

"І не втратиш солодкість з уст Моїх"
"So it is agreed. Siddhartha will return"
"Так погоджено. Сіддхартха повернеться"
"Siddhartha will return once he has what he still lacks"
«Сіддхартха повернеться, як тільки у нього з'явиться те, чого йому все ще не вистачає»
"he will come back with clothes, shoes, and money"
«Він повернеться з одягом, взуттям і грошима»
"But speak, lovely Kamala, couldn't you still give me one small advice?"
- Але говори, мила Камала, хіба ти не могла б дати мені одну маленьку пораду?
"Give you an advice? Why not?"
"Дайте пораду? Чому б і ні?"
"Who wouldn't like to give advice to a poor, ignorant Samana?"
"Хто б не хотів дати пораду бідній, неосвіченій Самані?"
"Dear Kamala, where I should go to find these three things most quickly?"
"Дорога Камала, куди мені піти, щоб знайти ці три речі найшвидше?"
"Friend, many would like to know this"
"Друже, багато хто хотів би це знати"
"You must do what you've learned and ask for money"
«Ви повинні робити те, чого навчилися, і просити грошей»
"There is no other way for a poor man to obtain money"
«Немає іншого способу для бідняка отримати гроші»
"What might you be able to do?"
"Що ти можеш зробити?"
"I can think. I can wait. I can fast" said Siddhartha
"Я можу думати. Я можу почекати. Я можу постити", - сказав Сіддхартха
"Nothing else?" asked Kamala
"Більше нічого?" - запитала Камала
"yes, I can also write poetry"
"Так, я також можу писати вірші"
"Would you like to give me a kiss for a poem?"

"Ти хочеш поцілувати мене для вірша?"
"I would like to, if I like your poem"
"Я хотів би, якщо мені сподобається ваш вірш"
"What would be its title?"
"Якою була б його назва?"
Siddhartha spoke, after he had thought about it for a moment
Сіддхартха заговорив, подумавши про це якусь мить
"Into her shady garden stepped the pretty Kamala"
«В її тінистий сад ступила гарненька Камала»
"At the garden's entrance stood the brown Samana"
"Біля входу в сад стояла коричнева самана"
"Deeply, seeing the lotus's blossom, Bowed that man"
"Глибоко, побачивши цвіт лотоса, вклонився тому чоловікові"
"and smiling, Kamala thanked him"
"і, посміхаючись, Камала подякувала йому"
"More lovely, thought the young man, than offerings for gods"
"Прекрасніше, думав юнак, ніж жертви богам"
Kamala clapped her hands so loud that the golden bracelets clanged
Камала так голосно заплескала в долоні, що золоті браслети зачепилися
"Beautiful are your verses, oh brown Samana"
"Прекрасні твої вірші, о коричнева Самана"
"and truly, I'm losing nothing when I'm giving you a kiss for them"
"І справді, я нічого не втрачаю, коли цілую тебе за них"
She beckoned him with her eyes
Вона вабила його своїми очима
he tilted his head so that his face touched hers
Він нахилив голову так, щоб його обличчя торкнулося її
and he placed his mouth on her mouth
і він поклав свої уста на її вуста
the mouth which was like a freshly cracked fig
рот, який був схожий на свіжопотріскакий інжир

For a long time, Kamala kissed him
Довгий час Камала цілувала його
and with a deep astonishment Siddhartha felt how she taught him
і з глибоким подивом Сіддхартха відчула, як вона навчала його
he felt how wise she was
Він відчував, якою мудрою вона була
he felt how she controlled him
Він відчував, як вона контролює його
he felt how she rejected him
Він відчував, як вона відкидає його
he felt how she lured him
Він відчув, як вона його заманює;
and he felt how there were to be more kisses
І він відчував, як має бути більше поцілунків
every kiss was different from the others
Кожен поцілунок відрізнявся від інших
he was still when he received the kisses
Він був ще тоді, коли отримував поцілунки
Breathing deeply, he remained standing where he was
Глибоко дихаючи, він залишився стояти там, де був
he was astonished like a child about the things worth learning
Він був здивований, як дитина, тим, чого варто навчитися
the knowledge revealed itself before his eyes
Знання розкрилося на його очах
"Very beautiful are your verses" exclaimed Kamala
"Дуже красиві ваші вірші", - вигукнула Камала
"if I were rich, I would give you pieces of gold for them"
"Якби я був багатий, я дав би вам за них шматки золота"
"But it will be difficult for you to earn enough money with verses"
«Але вам буде важко заробити достатньо грошей віршами»
"because you need a lot of money, if you want to be Kamala's friend"

«Тому що тобі потрібно багато грошей, якщо ти хочеш бути другом Камали»
"The way you're able to kiss, Kamala!" stammered Siddhartha
«Так, як ти вмієш цілуватися, Камала!» — заїкнувся Сіддхартха
"Yes, this I am able to do"
"Так, це я можу зробити"
"therefore I do not lack clothes, shoes, bracelets"
«тому мені не бракує одягу, взуття, браслетів»
"I have all the beautiful things"
"У мене є все прекрасне"
"But what will become of you?"
- Але що з тобою буде?
"Aren't you able to do anything else?"
"Хіба ти не можеш зробити щось інше?"
"can you do mroe than think, fast, and make poetry?"
"Чи можете ви робити більше, ніж думати, поститися і створювати вірші?"
"I also know the sacrificial songs" said Siddhartha
"Я також знаю жертовні пісні", - сказав Сіддхартха
"but I do not want to sing those songs any more"
«Але я більше не хочу співати ці пісні»
"I also know how to make magic spells"
«Я теж вмію робити магічні заклинання»
"but I do not want to speak them any more"
«Але я більше не хочу ними говорити»
"I have read the scriptures"
"Я читав Писання"
"Stop!" Kamala interrupted him
«Стоп!» — перебила його Камала
"You're able to read and write?"
"Ти вмієш читати і писати?"
"Certainly, I can do this, many people can"
«Звичайно, я можу це зробити, багато людей можуть»
"Most people can't," Kamala replied
"Більшість людей не можуть", - відповіла Камала

"I am also one of those who can't do it"
«Я також один з тих, хто не може цього зробити»
"It is very good that you're able to read and write"
"Дуже добре, що ти вмієш читати і писати"
"you will also find use for the magic spells"
«Ви також знайдете застосування магічним заклинанням»
In this moment, a maid came running in
У цей момент прибігла служниця
she whispered a message into her mistress's ear
Вона прошепотіла послання на вухо своїй господині
"There's a visitor for me" exclaimed Kamala
"Для мене є відвідувач", - вигукнула Камала
"Hurry and get yourself away, Siddhartha"
"Поспіши і забирайся, Сіддхартха"
"nobody may see you in here, remember this!"
"Ніхто не може бачити вас тут, пам'ятайте про це!"
"Tomorrow, I'll see you again"
"Завтра я побачу тебе знову"
Kamala ordered her maid to give Siddhartha white garments
Камала наказала своїй служниці віддати Сіддхартхі білий одяг
and then Siddhartha found himself being dragged away by the maid
і тоді Сіддхартха виявив, що його відтягує служниця
he was brought into a garden-house out of sight of any paths
Його привели в сад-будиночок поза полем зору будь-яких стежок
then he was led into the bushes of the garden
Потім його повели в кущі саду
he was urged to get himself out of the garden as soon as possible
Його закликали якомога швидше вибратися з саду
and he was told he must not be seen
і йому сказали, що його не можна бачити
he did as he had been told
Він зробив так, як йому було сказано
he was accustomed to the forest

Він звик до лісу
so he managed to get out without making a sound
Так йому вдалося вибратися, не видавши ні звуку

he returned to the city carrying the rolled up garments under his arm
Він повернувся в місто, несучи згорнутий одяг під пахвою
At the inn, where travellers stay, he positioned himself by the door
У корчмі, де зупиняються подорожні, він розташувався біля дверей
without words he asked for food
Без слів він просив їжі
without a word he accepted a piece of rice-cake
Без жодного слова він прийняв шматочок рисового пирога
he thought about how he had always begged
Він думав про те, як завжди просив милостиню
"Perhaps as soon as tomorrow I will ask no one for food any more"
«Можливо, як тільки завтра я більше ні в кого не буду просити їжі»
Suddenly, pride flared up in him
Раптом в ньому спалахнула гордість
He was no Samana any more
Він більше не був саманою
it was no longer appropriate for him to beg for food
Йому вже було недоречно випрошувати їжу
he gave the rice-cake to a dog
Він дав рисовий пиріг собаці
and that night he remained without food
і тієї ночі він залишився без їжі
Siddhartha thought to himself about the city
Сіддхартха думав про місто
"Simple is the life which people lead in this world"
«Просте життя, яке ведуть люди в цьому світі»
"this life presents no difficulties"
"Це життя не представляє ніяких труднощів"

"Everything was difficult and toilsome when I was a Samana"
"Все було важко і важко, коли я був саманою"
"as a Samana everything was hopeless"
"як у Самани все було безнадійно"
"but now everything is easy"
«Але тепер все легко»
"it is easy like the lesson in kissing from Kamala"
"це легко, як урок поцілунків від Камали"
"I need clothes and money, nothing else"
«Мені потрібен одяг і гроші, більше нічого»
"these goals are small and achievable"
«Ці цілі маленькі і досяжні»
"such goals won't make a person lose any sleep"
«Такі цілі не змусять людину втратити сон»

the next day he returned to Kamala's house
наступного дня він повернувся до будинку Камали
"Things are working out well" she called out to him
"Все складається добре", — гукнула вона йому
"They are expecting you at Kamaswami's"
"Вони чекають вас у Камасвамі"
"he is the richest merchant of the city"
«Він найбагатший купець міста»
"If he likes you, he'll accept you into his service"
«Якщо ти йому подобаєшся, він прийме тебе на службу»
"but you must be smart, brown Samana"
"але ти, мабуть, розумна, коричнева Самана"
"I had others tell him about you"
"Я попросив інших розповісти йому про тебе"
"Be polite towards him, he is very powerful"
«Будьте ввічливі з ним, він дуже могутній»
"But I warn you, don't be too modest!"
- Але попереджаю, не будьте занадто скромними!
"I do not want you to become his servant"
«Я не хочу, щоб ти став його слугою»
"you shall become his equal"

"Ти станеш рівним Йому"
"or else I won't be satisfied with you"
"інакше я не буду задоволений тобою"
"Kamaswami is starting to get old and lazy"
«Камасвамі починає старіти і лінуватися»
"If he likes you, he'll entrust you with a lot"
«Якщо ти йому подобаєшся, він багато тобі довірить»
Siddhartha thanked her and laughed
Сіддхартха подякував їй і засміявся
she found out that he had not eaten
Вона дізналася, що він не їв
so she sent him bread and fruits
Тому вона послала йому хліб і фрукти
"You've been lucky" she said when they parted
"Тобі пощастило", - сказала вона, коли вони розійшлися
"I'm opening one door after another for you"
«Я відкриваю для тебе одні двері за одними»
"How come? Do you have a spell?"
"Чому? У вас є заклинання?"
"I told you I knew how to think, to wait, and to fast"
"Я казав вам, що вмію думати, чекати і поститися"
"but you thought this was of no use"
"Але ви думали, що це не принесе користі"
"But it is useful for many things"
«Але це корисно для багатьох речей»
"Kamala, you'll see that the stupid Samanas are good at learning"
"Камала, ти побачиш, що дурні самани добре вміють вчитися"
"you'll see they are able to do many pretty things in the forest"
"Ви побачите, що вони можуть робити багато красивих речей у лісі"
"things which the likes of you aren't capable of"
"Речі, на які такі, як ви, не здатні"
"The day before yesterday, I was still a shaggy beggar"
«Позавчора я був ще волохатим жебраком»

"as recently as yesterday I have kissed Kamala"
"Ще вчора я цілував Камалу"
"and soon I'll be a merchant and have money"
«І скоро я буду купцем і матиму гроші»
"and I'll have all those things you insist upon"
"І у мене буде все те, на чому ви наполягаєте"
"Well yes," she admitted, "but where would you be without me?"
"Ну, так, — зізналася вона, — але де б ти був без мене?"
"What would you be, if Kamala wasn't helping you?"
"Ким би ти був, якби Камала тобі не допомагала?"
"Dear Kamala" said Siddhartha
— Дорога Камала, — сказав Сіддхартха
and he straightened up to his full height
і він випростався на весь зріст
"when I came to you into your garden, I did the first step"
"Коли я прийшов до вас у ваш сад, я зробив перший крок"
"It was my resolution to learn love from this most beautiful woman"
"Це була моя резолюція навчитися любові у цієї найкрасивішої жінки"
"that moment I had made this resolution"
"У той момент я прийняв цю резолюцію"
"and I knew I would carry it out"
"і я знав, що виконаю це"
"I knew that you would help me"
"Я знав, що ти мені допоможеш"
"at your first glance at the entrance of the garden I already knew it"
"При першому погляді на вхід в сад я це вже знав"
"But what if I hadn't been willing?" asked Kamala
"Але що, якби я не хотіла?" - запитала Камала
"You were willing" replied Siddhartha
— Ти був готовий, — відповів Сіддхартха
"When you throw a rock into water, it takes the fastest course to the bottom"
«Коли ви кидаєте камінь у воду, він бере найшвидший

курс на дно»
"This is how it is when Siddhartha has a goal"
«Ось як це, коли у Сіддхартхи є мета»
"Siddhartha does nothing; he waits, he thinks, he fasts"
"Сіддхартха нічого не робить; Він чекає, він думає, він постить"
"but he passes through the things of the world like a rock through water"
"Але Він проходить крізь речі світу, як камінь крізь воду"
"he passed through the water without doing anything"
«Він пройшов по воді, нічого не зробивши»
"he is drawn to the bottom of the water"
«Його тягне на дно води»
"he lets himself fall to the bottom of the water"
«Він дозволяє собі впасти на дно води»
"His goal attracts him towards it"
«Його мета притягує його до цього»
"he doesn't let anything enter his soul which might oppose the goal"
«Він не дозволяє нічому увійти в його душу, що могло б протистояти меті»
"This is what Siddhartha has learned among the Samanas"
"Це те, чого Сіддхартха навчився серед саманів"
"This is what fools call magic"
«Це те, що дурні називають магією»
"they think it is done by daemons"
"Вони думають, що це роблять демони"
"but nothing is done by daemons"
"Але демони нічого не роблять"
"there are no daemons in this world"
"У цьому світі немає демонів"
"Everyone can perform magic, should they choose to"
"Кожен може творити магію, якщо захоче"
"everyone can reach his goals if he is able to think"
«Кожен може досягти своїх цілей, якщо вміє думати»
"everyone can reach his goals if he is able to wait"
«Кожен може досягти своїх цілей, якщо вміє чекати»

"everyone can reach his goals if he is able to fast"
«Кожен може досягти своїх цілей, якщо вміє постити»
Kamala listened to him; she loved his voice
Камала слухала його; Вона любила його голос
she loved the look from his eyes
Їй подобався погляд з його очей
"Perhaps it is as you say, friend"
"Можливо, це так, як ти кажеш, друже"
"But perhaps there is another explanation"
- Але, можливо, є й інше пояснення
"Siddhartha is a handsome man"
"Сіддхартха - красень"
"his glance pleases the women"
«Його погляд радує жінок»
"good fortune comes towards him because of this"
«Через це до нього приходить удача»
With one kiss, Siddhartha bid his farewell
Одним поцілунком Сіддхартха попрощався
"I wish that it should be this way, my teacher"
«Бажаю, щоб так і було, мій учитель»
"I wish that my glance shall please you"
"Бажаю, щоб мій погляд радував тебе"
"I wish that that you always bring me good fortune"
«Бажаю, щоб ти завжди приносив мені удачу»

With the Childlike People
З дитячими людьми

Siddhartha went to Kamaswami the merchant
Сіддхартха відправився до купця Камасвамі
he was directed into a rich house
Його направили в багатий будинок
servants led him between precious carpets into a chamber
Слуги вели його між дорогоцінними килимами в палату
in the chamber was where he awaited the master of the house
У палаті знаходилося місце, де його чекав господар будинку
Kamaswami entered swiftly into the room
Камасвамі швидко увійшов до кімнати
he was a smoothly moving man
Він був плавно рухомою людиною
he had very gray hair and very intelligent, cautious eyes
У нього було дуже сиве волосся і дуже розумні, обережні очі
and he had a greedy mouth
і у нього був жадібний рот
Politely, the host and the guest greeted one another
Ввічливо господар і гість привіталися один з одним
"I have been told that you were a Brahman" the merchant began
«Мені сказали, що ти брахман», — почав купець
"I have been told that you are a learned man"
"Мені сказали, що ти вчена людина"
"and I have also been told something else"
"І мені також сказали щось інше"
"you seek to be in the service of a merchant"
«Ти прагнеш бути на службі у торговця»
"Might you have become destitute, Brahman, so that you seek to serve?"
"Можливо, ти став знедоленим, Брахмане, щоб прагнути служити?"

"No," said Siddhartha, "I have not become destitute"
"Ні, - сказав Сіддхартха, - я не став знедоленим"
"nor have I ever been destitute" added Siddhartha
"І я ніколи не був знедоленим", - додав Сіддхартха
"You should know that I'm coming from the Samanas"
"Ви повинні знати, що я йду з Саман"
"I have lived with them for a long time"
«Я живу з ними давно»
"you are coming from the Samanas"
"Ви йдете з Саман"
"how could you be anything but destitute?"
"Як ти міг бути ким завгодно, крім знедоленого?"
"Aren't the Samanas entirely without possessions?"
"Хіба самани не зовсім без майна?"
"I am without possessions, if that is what you mean" said Siddhartha
"Я без майна, якщо ви маєте на увазі саме це", - сказав Сіддхартха
"But I am without possessions voluntarily"
"Але я без майна добровільно"
"and therefore I am not destitute"
"і тому я не знедолений"
"But what are you planning to live of, being without possessions?"
- Але від чого ти плануєш жити, залишаючись без майна?
"I haven't thought of this yet, sir"
— Я ще не думав про це,.
"For more than three years, I have been without possessions"
«Більше трьох років я без майна»
"and I have never thought about of what I should live"
"і я ніколи не думав про те, що мені жити"
"So you've lived of the possessions of others"
"Отже, ви жили з майна інших"
"Presumable, this is how it is?"
- Мабуть, так воно і є?
"Well, merchants also live of what other people own"
«Ну, купці також живуть тим, чим володіють інші люди»

"Well said," granted the marchent
— Добре сказано, — сказав маршист
"But he wouldn't take anything from another person for nothing"
«Але він нічого не взяв би від іншої людини просто так»
"he would give his merchandise in return" said Kamaswami
"Він віддав би свій товар натомість", - сказав Камасвамі
"So it seems to be indeed"
- Так начебто і справді"
"Everyone takes, everyone gives, such is life"
«Всі беруть, всі дають, таке життя»
"But if you don't mind me asking, I have a question"
"Але якщо ви не проти, щоб я запитав, у мене є питання"
"being without possessions, what would you like to give?"
"Будучи без майна, що б ти хотів дати?"
"Everyone gives what he has"
«Кожен віддає те, що має»
"The warrior gives strength"
«Воїн дає сили»
"the merchant gives merchandise"
«Торговець дає товар»
"the teacher gives teachings"
"Учитель дає вчення"
"the farmer gives rice"
«Фермер дає рис»
"the fisher gives fish"
«Рибалка дає рибу»
"Yes indeed. And what is it that you've got to give?"
- Так, дійсно. І що ти маєш дати?"
"What is it that you've learned?"
"Чого ти навчився?"
"what you're able to do?"
"Що ти можеш зробити?"
"I can think. I can wait. I can fast"
"Я можу думати. Я можу почекати. Я можу постити"
"That's everything?" asked Kamaswami
«Ось і все?» — запитав Камасвамі

"I believe that is everything there is!"
"Я вірю, що це все, що є!"
"And what's the use of that?"
- І яка від цього користь?
"For example; fasting. What is it good for?"
"Наприклад; піст. Чим це добре?"
"It is very good, sir"
- Це дуже добре,
"there are times a person has nothing to eat"
«Бувають випадки, коли людині нічого їсти»
"then fasting is the smartest thing he can do"
"Тоді піст - це найрозумніше, що він може зробити"
"there was a time where Siddhartha hadn't learned to fast"
"Був час, коли Сіддхартха не навчився поститися"
"in this time he had to accept any kind of service"
"У цей час він повинен був прийняти будь-яку послугу"
"because hunger would force him to accept the service"
«Тому що голод змусив би його прийняти службу»
"But like this, Siddhartha can wait calmly"
«Але так Сіддхартха може спокійно чекати»
"he knows no impatience, he knows no emergency"
«Він не знає нетерпіння, він не знає надзвичайних ситуацій»
"for a long time he can allow hunger to besiege him"
«Надовго він може дозволити голоду взяти його в облогу»
"and he can laugh about the hunger"
«І він може сміятися з голоду»
"This, sir, is what fasting is good for"
- Ось для чого,, для чого корисний піст"
"You're right, Samana" acknowledged Kamaswami
— Ти маєш рацію, Самана, — визнав Камасвамі
"Wait for a moment" he asked of his guest
"Зачекайте хвилинку", — попросив він свого гостя
Kamaswami left the room and returned with a scroll
Камасвамі вийшов з кімнати і повернувся з сувоєм
he handed Siddhartha the scroll and asked him to read it
він простягнув Сіддхартхі сувій і попросив його прочитати

його
Siddhartha looked at the scroll handed to him
Сіддхартха подивився на вручений йому сувій
on the scroll a sales-contract had been written
На сувої був написаний договір купівлі-продажу
he began to read out the scroll's contents
Він почав зачитувати зміст сувою
Kamaswami was very pleased with Siddhartha
Камасвамі залишився дуже задоволений Сіддхартхою
"would you write something for me on this piece of paper?"
"Ви б написали щось для мене на цьому аркуші паперу?"
He handed him a piece of paper and a pen
Він простягнув йому аркуш паперу і ручку
Siddhartha wrote, and returned the paper
Сіддхартха написав і повернув газету
Kamaswami read, "Writing is good, thinking is better"
Камасвамі прочитав: «Писати добре, думати краще»
"Being smart is good, being patient is better"
"Бути розумним - це добре, бути терплячим - краще"
"It is excellent how you're able to write" the merchant praised him
- Чудово, як ти вмієш писати, - похвалив його купець
"Many a thing we will still have to discuss with one another"
"Багато речей нам ще доведеться обговорювати один з одним"
"For today, I'm asking you to be my guest"
"На сьогодні я прошу вас бути моїм гостем"
"please come to live in this house"
"Будь ласка, приходьте жити в цей будинок"
Siddhartha thanked Kamaswami and accepted his offer
Сіддхартха подякував Камасвамі і прийняв його пропозицію
he lived in the dealer's house from now on
Відтепер він жив у будинку дилера
Clothes were brought to him, and shoes
Йому приносили одяг і взуття
and every day, a servant prepared a bath for him

І кожен день слуга готував для нього ванну

Twice a day, a plentiful meal was served
Двічі на день подавалася рясна трапеза
but Siddhartha only ate once a day
але Сіддхартха їв лише раз на день
and he ate neither meat, nor did he drink wine
і він не їв ні м'яса, ні вина не пив
Kamaswami told him about his trade
Камасвамі розповів йому про свою торгівлю
he showed him the merchandise and storage-rooms
Він показав йому товари та складські приміщення
he showed him how the calculations were done
Він показав йому, як проводилися розрахунки
Siddhartha got to know many new things
Сіддхартха дізнався багато нового
he heard a lot and spoke little
Він багато чув і мало говорив
but he did not forget Kamala's words
але він не забув слів Камали
so he was never subservient to the merchant
Тому він ніколи не підкорявся купцеві
he forced him to treat him as an equal
Він змусив його ставитися до нього як до рівного
perhaps he forced him to treat him as even more than an equal
Можливо, він змусив його ставитися до нього як до навіть більш ніж рівного
Kamaswami conducted his business with care
Камасвамі дбайливо вів свій бізнес
and he was very passionate about his business
І він був дуже захоплений своєю справою
but Siddhartha looked upon all of this as if it was a game
але Сіддхартха дивився на все це так, ніби це гра
he tried hard to learn the rules of the game precisely
Він наполегливо намагався вивчити правила гри в точності
but the contents of the game did not touch his heart

Але зміст гри не торкнулося його серця
He had not in Kamaswami's house for long
Він недовго пробув у будинку Камасвамі
but soon he took part in his landlord's business
Але незабаром він взяв участь в поміщицькому бізнесі

every day he visited beautiful Kamala
кожен день він відвідував прекрасну Камалу
Kamala had an hour appointed for their meetings
Камалі була призначена година для їхніх зустрічей
she was wearing pretty clothes and fine shoes
Вона була одягнена в гарний одяг і вишукане взуття
and soon he brought her gifts as well
І незабаром він приніс і їй дари
Much he learned from her red, smart mouth
Багато чого він навчився з її червоного, розумного рота
Much he learned from her tender, supple hand
Багато чого він навчився від її ніжної, податливої руки
regarding love, Siddhartha was still a boy
щодо кохання, Сіддхартха був ще хлопчиком
and he had a tendency to plunge into love blindly
І він мав схильність сліпо занурюватися в любов
he fell into lust like into a bottomless pit
Він впав у пожадливість, як у бездонну яму
she taught him thoroughly, starting with the basics
Вона навчила його досконально, почавши з основ
pleasure cannot be taken without giving pleasure
задоволення не можна приймати, не доставляючи задоволення
every gesture, every caress, every touch, every look
кожен жест, кожна ласка, кожен дотик, кожен погляд
every spot of the body, however small it was, had its secret
Кожна пляма тіла, якою б маленькою вона не була, мала свою таємницю
the secrets would bring happiness to those who know them
Секрети принесуть щастя тим, хто їх знає
lovers must not part from one another after celebrating love

Закохані не повинні розлучатися один з одним після святкування любові
they must not part without one admiring the other
Вони не повинні розлучатися без того, щоб один милувався іншим
they must be as defeated as they have been victorious
Вони повинні бути настільки ж переможеними, як і переможцями
neither lover should start feeling fed up or bored
Жоден коханець не повинен починати відчувати себе ситим або нудьгувати
they should not get the evil feeling of having been abusive
Вони не повинні відчувати злого відчуття насильства
and they should not feel like they have been abused
і вони не повинні відчувати, що над ними знущалися
Wonderful hours he spent with the beautiful and smart artist
Чудові години він провів з красивим і розумним художником
he became her student, her lover, her friend
Він став її учнем, її коханцем, її другом
Here with Kamala was the worth and purpose of his present life
Тут з Камалою була цінність і мета його теперішнього життя
his purpose was not with the business of Kamaswami
його мета не була пов'язана з бізнесом Камасвамі

Siddhartha received important letters and contracts
Сіддхартха отримував важливі листи і контракти
Kamaswami began discussing all important affairs with him
Камасвамі почав обговорювати з ним всі важливі справи
He soon saw that Siddhartha knew little about rice and wool
Незабаром він побачив, що Сіддхартха мало знає про рис і шерсть
but he saw that he acted in a fortunate manner
Але він побачив, що вчинив щасливим чином

and Siddhartha surpassed him in calmness and equanimity
і Сіддхартха перевершив його в спокої і незворушності
he surpassed him in the art of understanding previously unknown people
Він перевершив його в мистецтві розуміння раніше невідомих людей
Kamaswami spoke about Siddhartha to a friend
Камасвамі розповів про Сіддхартху другові
"This Brahman is no proper merchant"
«Цей брахман не є належним купцем»
"he will never be a merchant"
«Він ніколи не буде купцем»
"for business there is never any passion in his soul"
«До бізнесу ніколи не буває пристрасті в душі»
"But he has a mysterious quality about him"
«Але у нього є таємнича якість»
"this quality brings success about all by itself"
«Ця якість приносить успіх сама по собі»
"it could be from a good Star of his birth"
"це може бути від доброї зірки його народження"
"or it could be something he has learned among Samanas"
"або це може бути щось, чого він навчився серед саман"
"He always seems to be merely playing with our business-affairs"
«Здається, він завжди просто грає з нашими бізнес-справами»
"his business never fully becomes a part of him"
«Його бізнес ніколи повністю не стає його частиною»
"his business never rules over him"
«Його бізнес ніколи не панує над ним»
"he is never afraid of failure"
«Він ніколи не боїться невдачі»
"he is never upset by a loss"
«Його ніколи не засмучує втрата»
The friend advised the merchant
Друг порадив купцеві
"Give him a third of the profits he makes for you"

«Віддавайте йому третину прибутку, який він заробляє для вас»
"but let him also be liable when there are losses"
"Але нехай він також несе відповідальність, коли є збитки"
"Then, he'll become more zealous"
"Тоді він стане більш завзятим"
Kamaswami was curious, and followed the advice
Камасвамі був допитливий і прислухався до поради
But Siddhartha cared little about loses or profits
Але Сіддхартха мало дбав про втрати або прибутки
When he made a profit, he accepted it with equanimity
Коли він отримував прибуток, то приймав її з незворушністю
when he made losses, he laughed it off
Коли він зазнавав втрат, він сміявся з цього
It seemed indeed, as if he did not care about the business
Здавалося, дійсно, ніби він не дбав про бізнес
At one time, he travelled to a village
Свого часу він їздив у село
he went there to buy a large harvest of rice
Він відправився туди, щоб купити великий урожай рису
But when he got there, the rice had already been sold
Але коли він туди потрапив, рис вже був проданий
another merchant had gotten to the village before him
До нього в село потрапив інший купець
Nevertheless, Siddhartha stayed for several days in that village
Тим не менш, Сіддхартха залишився в цьому селі на кілька днів
he treated the farmers for a drink
Він пригощав фермерів напоєм
he gave copper-coins to their children
Він дарував мідні монети їхнім дітям
he joined in the celebration of a wedding
Він приєднався до святкування весілля
and he returned extremely satisfied from his trip
І він повернувся надзвичайно задоволеним зі своєї поїздки

Kamaswami was angry that Siddhartha had wasted time and money

Камасвамі був розгніваний тим, що Сіддхартха витратив час і гроші даремно

Siddhartha answered "Stop scolding, dear friend!"

Сіддхартха відповів: «Досить лаяти, дорогий друже!»

"Nothing was ever achieved by scolding"

«Нічого ніколи не досягалося лаянням»

"If a loss has occurred, let me bear that loss"

"Якщо сталася втрата, дозвольте мені понести цю втрату"

"I am very satisfied with this trip"

«Я дуже задоволений цією поїздкою»

"I have gotten to know many kinds of people"

"Я познайомився з багатьма людьми"

"a Brahman has become my friend"

«Брахман став моїм другом»

"children have sat on my knees"

«Діти сіли мені на коліна»

"farmers have shown me their fields"

«Фермери показали мені свої поля»

"nobody knew that I was a merchant"

«Ніхто не знав, що я купець»

"That's all very nice," exclaimed Kamaswami indignantly

- Це все дуже приємно, - обурено вигукнув Камасвамі

"but in fact, you are a merchant after all"

«Але насправді ти все-таки комерсант»

"Or did you have only travel for your amusement?"

- Або у вас були подорожі тільки для розваги?

"of course I have travelled for my amusement" Siddhartha laughed

— Звичайно, я подорожував заради розваги, — засміявся Сіддхартха

"For what else would I have travelled?"

"Бо що б ще я подорожував?"

"I have gotten to know people and places"

"Я познайомився з людьми та місцями"

"I have received kindness and trust"

"Я отримав доброту і довіру"
"I have found friendships in this village"
"Я знайшов дружбу в цьому селі"
"if I had been Kamaswami, I would have travelled back annoyed"
"Якби я був Камасвамі, я б повернувся роздратованим"
"I would have been in hurry as soon as my purchase failed"
«Я б поспішав, як тільки моя покупка провалилася»
"and time and money would indeed have been lost"
«І час і гроші дійсно були б втрачені»
"But like this, I've had a few good days"
"Але так у мене було кілька хороших днів"
"I've learned from my time there"
"Я навчився за час свого перебування там"
"and I have had joy from the experience"
"і я мав радість від цього досвіду"
"I've neither harmed myself nor others by annoyance and hastiness"
«Я не завдав шкоди ні собі, ні іншим досадою і поспішністю»
"if I ever return friendly people will welcome me"
"Якщо я коли-небудь повернуся, доброзичливі люди вітатимуть мене"
"if I return to do business friendly people will welcome me too"
"Якщо я повернуся, щоб займатися бізнесом, доброзичливі люди також вітатимуть мене"
"I praise myself for not showing any hurry or displeasure"
«Я хвалю себе за те, що не виявляю ніякого поспіху або невдоволення»
"So, leave it as it is, my friend"
"Отже, залиш все як є, друже"
"and don't harm yourself by scolding"
«І не нашкодь собі, лаючи»
"If you see Siddhartha harming himself, then speak with me"
«Якщо ви бачите, що Сіддхартха завдає шкоди собі, то

поговоріть зі мною»
"and Siddhartha will go on his own path"
"і Сіддхартха піде своїм шляхом"
"But until then, let's be satisfied with one another"
"Але до тих пір давайте задовольнятися один одним"
the merchant's attempts to convince Siddhartha were futile
спроби купця переконати Сіддхартху були марними
he could not make Siddhartha eat his bread
він не міг змусити Сіддхартху їсти свій хліб
Siddhartha ate his own bread
Сіддхартха їв власний хліб
or rather, they both ate other people's bread
А точніше, вони обидва їли чужий хліб
Siddhartha never listened to Kamaswami's worries
Сіддхартха ніколи не слухав хвилювань Камасвамі
and Kamaswami had many worries he wanted to share
і у Камасвамі було багато турбот, якими він хотів поділитися
there were business-deals going on in danger of failing
Були ділові угоди, які відбувалися під загрозою провалу
shipments of merchandise seemed to have been lost
Поставки товарів, здавалося, були втрачені
debtors seemed to be unable to pay
Боржники, здавалося, не в змозі розрахуватися
Kamaswami could never convince Siddhartha to utter words of worry
Камасвамі ніколи не зміг переконати Сіддхартху вимовити слова занепокоєння
Kamaswami could not make Siddhartha feel anger towards business
Камасвамі не зміг змусити Сіддхартху відчути гнів по відношенню до бізнесу
he could not get him to to have wrinkles on the forehead
Він не міг змусити його мати зморшки на лобі
he could not make Siddhartha sleep badly
він не міг змусити Сіддхартху погано спати

one day, Kamaswami tried to speak with Siddhartha
одного разу Камасвамі спробував поговорити з Сіддхартхою

"Siddhartha, you have failed to learn anything new"
"Сіддхартха, ти не зміг навчитися нічого нового"

but again, Siddhartha laughed at this
але знову Сіддхартха посміявся з цього

"Would you please not kid me with such jokes"
"Будь ласка, не обманюйте мене такими жартами"

"What I've learned from you is how much a basket of fish costs"
"Те, що я дізнався від вас, - це скільки коштує кошик риби"

"and I learned how much interest may be charged on loaned money"
«і я дізнався, скільки відсотків може бути нараховано на позичені гроші»

"These are your areas of expertise"
"Це ваші сфери компетенції"

"I haven't learned to think from you, my dear Kamaswami"
"Я не навчився думати від тебе, мій дорогий Камасвамі"

"you ought to be the one seeking to learn from me"
"Ти повинен бути тим, хто прагне вчитися у Мене"

Indeed his soul was not with the trade
Дійсно, його душа була не з торгівлею

The business was good enough to provide him with money for Kamala
Бізнес був досить хорошим, щоб забезпечити його грошима для Камали

and it earned him much more than he needed
І це заробило йому набагато більше, ніж йому було потрібно

Besides Kamala, Siddhartha's curiosity was with the people
Крім Камали, цікавість Сіддхартхи була до людей

their businesses, crafts, worries, and pleasures
їхні справи, ремесла, турботи та задоволення

all these things used to be alien to him
Всі ці речі раніше були йому чужі

their acts of foolishness used to be as distant as the moon
Їхні дурні вчинки раніше були далекими, як місяць
he easily succeeded in talking to all of them
Йому легко вдалося поговорити з усіма ними
he could live with all of them
Він міг жити з усіма ними
and he could continue to learn from all of them
і він міг продовжувати вчитися у всіх них
but there was something which separated him from them
але було щось, що відділяло його від них
he could feel a divide between him and the people
Він відчував прірву між ним і людьми
this separating factor was him being a Samana
цим відокремлюючим фактором було те, що він був саманою
He saw mankind going through life in a childlike manner
Він бачив, як людство йде по життю по-дитячому
in many ways they were living the way animals live
Багато в чому вони жили так, як живуть тварини
he loved and also despised their way of life
Він любив, а також зневажав їхній спосіб життя
He saw them toiling and suffering
Він бачив, як вони трудилися і страждали
they were becoming gray for things unworthy of this price
Вони ставали сірими за речі, негідні такої ціни
they did things for money and little pleasures
Вони робили речі заради грошей і маленьких задоволень
they did things for being slightly honoured
Вони робили речі для того, щоб їх трохи шанували
he saw them scolding and insulting each other
Він бачив, як вони лаяли і ображали один одного
he saw them complaining about pain
Він бачив, як вони скаржилися на біль
pains at which a Samana would only smile
болі, при яких Самана тільки посміхається
and he saw them suffering from deprivations
і він бачив, як вони страждали від нестатків

deprivations which a Samana would not feel
позбавлення, яких Самана не відчувала б
He was open to everything these people brought his way
Він був відкритий до всього, що ці люди принесли йому на шляху
welcome was the merchant who offered him linen for sale
Ласкаво просимо був купець, який запропонував йому білизну на продаж
welcome was the debtor who sought another loan
Вітався боржник, який звернувся за черговим кредитом
welcome was the beggar who told him the story of his poverty
Ласкаво просимо жебрака, який розповів йому історію своєї бідності
the beggar who was not half as poor as any Samana
жебрак, який не був наполовину таким бідним, як будь-яка Самана
He did not treat the rich merchant and his servant different
Він не ставився до багатого купця і його слуги по-іншому
he let street-vendor cheat him when buying bananas
Він дозволив вуличному торговцю обдурити його, купуючи банани
Kamaswami would often complain to him about his worries
Камасвамі часто скаржився йому на свої турботи
or he would reproach him about his business
або він буде дорікати його в своїх справах
he listened curiously and happily
Він слухав з цікавістю і радісністю
but he was puzzled by his friend
Але він був спантеличений своїм другом
he tried to understand him
Він намагався зрозуміти його
and he admitted he was right, up to a certain point
І він визнав, що мав рацію, до певного моменту
there were many who asked for Siddhartha
було багато тих, хто просив про Сіддхартху
many wanted to do business with him

Багато хто хотів зайнятися з ним бізнесом
there were many who wanted to cheat him
Було багато бажаючих його обдурити
many wanted to draw some secret out of him
Багато хто хотів витягнути з нього якусь таємницю
many wanted to appeal to his sympathy
Багато хто хотів звернутися до його симпатії
many wanted to get his advice
Багато хто хотів отримати його пораду
He gave advice to those who wanted it
Він давав поради тим, хто цього хотів
he pitied those who needed pity
Він шкодував тих, хто потребував жалості
he made gifts to those who liked presents
Він робив подарунки тим, хто любив подарунки
he let some cheat him a bit
Він дозволив деяким трохи обдурити його
this game which all people played occupied his thoughts
Ця гра, в яку грали всі люди, займала його думки
he thought about this game just as much as he had about the Gods
він думав про цю гру так само, як і про богів
deep in his chest he felt a dying voice
Глибоко в грудях він відчув передсмертний голос
this voice admonished him quietly
Цей голос тихо наставляв його
and he hardly perceived the voice inside of himself
і він майже не сприймав голос всередині себе
And then, for an hour, he became aware of something
А потім, на годину, він щось усвідомив
he became aware of the strange life he was leading
Він усвідомив дивне життя, яке вів
he realized this life was only a game
Він зрозумів, що це життя було лише грою
at times he would feel happiness and joy
Іноді він відчував щастя і радість
but real life was still passing him by

Але реальне життя все ще проходило повз нього
and it was passing by without touching him
і вона проходила повз, не торкаючись його
Siddhartha played with his business-deals
Сіддхартха грав зі своїми діловими угодами
Siddhartha found amusement in the people around him
Сіддхартха знайшов розвагу в оточуючих його людях
but regarding his heart, he was not with them
Але щодо свого серця, то його не було з ними
The source ran somewhere, far away from him
Джерело втік кудись, далеко від нього
it ran and ran invisibly
Він біг і біг непомітно
it had nothing to do with his life any more
Це більше не мало нічого спільного з його життям
at several times he became scared on account of such thoughts
Кілька разів йому ставало страшно через такі думки
he wished he could participate in all of these childlike games
Він хотів брати участь у всіх цих дитячих іграх
he wanted to really live
Він хотів по-справжньому жити
he wanted to really act in their theatre
Він хотів по-справжньому грати в їхньому театрі
he wanted to really enjoy their pleasures
Він хотів по-справжньому насолодитися їхніми задоволеннями
and he wanted to live, instead of just standing by as a spectator
І він хотів жити, а не просто стояти поруч як глядач

But again and again, he came back to beautiful Kamala
Але знову і знову він повертався до прекрасної Камали
he learned the art of love
Він навчився мистецтву любові
and he practised the cult of lust

і він практикував культ похоті
lust, in which giving and taking becomes one
пожадливість, в якій давати і брати стає єдиним цілим
he chatted with her and learned from her
Він розмовляв з нею і вчився у неї
he gave her advice, and he received her advice
Він дав їй пораду, і він отримав її пораду
She understood him better than Govinda used to understand him
Вона розуміла його краще, ніж Говінда розуміла його
she was more similar to him than Govinda had been
вона була більше схожа на нього, ніж Говінда
"You are like me," he said to her
"Ти схожа на мене", — сказав він їй
"you are different from most people"
«Ти відрізняєшся від більшості людей»
"You are Kamala, nothing else"
"Ти - Камала, більше нічого"
"and inside of you, there is a peace and refuge"
"А всередині вас мир і притулок"
"a refuge to which you can go at every hour of the day"
"притулок, до якого можна йти в кожну годину дня"
"you can be at home with yourself"
«Ти можеш бути вдома з собою»
"I can do this too"
«Я теж можу це зробити»
"Few people have this place"
«Мало у кого є це місце»
"and yet all of them could have it"
"І все ж усі вони могли це мати"
"Not all people are smart" said Kamala
"Не всі люди розумні", - сказала Камала
"No," said Siddhartha, "that's not the reason why"
"Ні, - сказав Сіддхартха, - це не причина"
"Kamaswami is just as smart as I am"
«Камасвамі такий же розумний, як і я»
"but he has no refuge in himself"

«Але він не має притулку в собі»
"Others have it, although they have the minds of children"
"Інші мають це, хоча вони мають розум дітей"
"Most people, Kamala, are like a falling leaf"
«Більшість людей, Камала, схожі на падаючий листок»
"a leaf which is blown and is turning around through the air"
"листок, який видувається і обертається в повітрі"
"a leaf which wavers, and tumbles to the ground"
"Листок, який коливається і падає на землю"
"But others, a few, are like stars"
"Але інші, небагато, схожі на зірки"
"they go on a fixed course"
«Вони йдуть по фіксованому курсу»
"no wind reaches them"
«До них не доходить вітер»
"in themselves they have their law and their course"
«Самі по собі вони мають свій закон і свій курс»
"Among all the learned men I have met, there was one of this kind"
"Серед усіх вчених мужів, яких я зустрічав, був один такого роду"
"he was a truly perfected one"
"Він був справді досконалим"
"I'll never be able to forget him"
«Я ніколи не зможу його забути»
"It is that Gotama, the exalted one"
"Це той Готама, піднесений"
"Thousands of followers are listening to his teachings every day"
"Тисячі послідовників слухають його вчення щодня"
"they follow his instructions every hour"
"Вони виконують Його вказівки щогодини"
"but they are all falling leaves"
«Але всі вони опадає листя»
"not in themselves they have teachings and a law"
"Не самі по собі вони мають вчення і закон"

Kamala looked at him with a smile
Камала подивилася на нього з посмішкою
"Again, you're talking about him," she said
"Знову ж таки, ви говорите про нього", - сказала вона
"again, you're having a Samana's thoughts"
"Знову у тебе виникають думки Самани"
Siddhartha said nothing, and they played the game of love
Сіддхартха нічого не сказав, і вони зіграли в любовну гру
one of the thirty or forty different games Kamala knew
одна з тридцяти чи сорока різних ігор, які знала Камала
Her body was flexible like that of a jaguar
Її тіло було гнучким, як у ягуара
flexible like the bow of a hunter
гнучкий, як лук мисливця
he who had learned from her how to make love
той, хто навчився від неї, як займатися любов'ю
he was knowledgeable of many forms of lust
Він був обізнаний з багатьма формами похоті
he that learned from her knew many secrets
Той, хто дізнався від неї, знав багато таємниць
For a long time, she played with Siddhartha
Довгий час вона грала з Сіддхартхою
she enticed him and rejected him
Вона заманила його і відкинула
she forced him and embraced him
Вона змусила його і обійняла
she enjoyed his masterful skills
Вона насолоджувалася його майстерними навичками
until he was defeated and rested exhausted by her side
поки він не зазнав поразки і не відпочив виснажений біля неї
The courtesan bent over him
Куртизанка схилилася над ним
she took a long look at his face
Вона довго дивилася на його обличчя
she looked at his eyes, which had grown tired
Вона подивилася на його очі, які втомилися

"You are the best lover I have ever seen" she said thoughtfully

"Ти найкращий коханець, якого я коли-небудь бачила", - задумливо сказала вона

"You're stronger than others, more supple, more willing"

"Ти сильніший за інших, гнучкіший, охочіший"

"You've learned my art well, Siddhartha"

"Ти добре вивчив моє мистецтво, Сіддхартха"

"At some time, when I'll be older, I'd want to bear your child"

«Колись, коли я підросту, я захочу народити твою дитину»

"And yet, my dear, you've remained a Samana"

"І все ж, любий мій, ти залишився саманою"

"and despite this, you do not love me"

«І, незважаючи на це, ти мене не любиш»

"there is nobody that you love"

"Немає нікого, кого любиш"

"Isn't it so?" asked Kamala

"Чи не так?" - запитала Камала

"It might very well be so," Siddhartha said tiredly

— Цілком можливо, що так, — втомлено сказав Сіддхартха

"I am like you, because you also do not love"

«Я схожий на тебе, тому що ти теж не любиш»

"how else could you practise love as a craft?"

"Як ще можна практикувати любов як ремесло?"

"Perhaps, people of our kind can't love"

«Можливо, люди нашого роду не вміють любити»

"The childlike people can love, that's their secret"

"Люди, схожі на дітей, можуть любити, ось їхній секрет"

Sansara
Сансара

For a long time, Siddhartha had lived in the world and lust
Довгий час Сіддхартха жив у світі і похоті
he lived this way though, without being a part of it
Однак він жив таким чином, не будучи його частиною
he had killed off when he had been a Samana
він убив, коли був саманою
but now they had awoken again
Але тепер вони знову прокинулися
he had tasted riches, lust, and power
Він відчув смак багатства, похоті і сили
for a long time he had remained a Samana in his heart
довгий час він залишався саманою у своєму серці
Kamala, being smart, had realized this quite right
Камала, будучи розумною, зрозуміла це цілком правильно
thinking, waiting, and fasting still guided his life
Роздуми, очікування і піст все ще керували його життям
the childlike people remained alien to him
Дитячі люди залишилися для нього чужими;
and he remained alien to the childlike people
І він залишився чужим для дітей,
Years passed by; surrounded by the good life
Минали роки; в оточенні доброго життя
Siddhartha hardly felt the years fading away
Сіддхартха майже не відчував, що роки згасають
He had become rich and possessed a house of his own
Він розбагатів і мав власний будинок
he even had his own servants
У нього навіть були свої слуги
he had a garden before the city, by the river
Він мав сад перед містом, біля річки
The people liked him and came to him for money or advice
Він подобався людям і приходив до нього за грошима або порадою

but there was nobody close to him, except Kamala
але поруч з ним нікого не було, крім Камали
the bright state of being awake
Світлий стан неспання
the feeling which he had experienced at the height of his youth
почуття, яке він відчував на піку своєї юності
in those days after Gotama's sermon
в ті дні після проповіді Готами
after the separation from Govinda
після розлуки з Говіндою
the tense expectation of life
Напружене очікування життя
the proud state of standing alone
Гордий стан самотності
being without teachings or teachers
бути без вчень і вчителів
the supple willingness to listen to the divine voice in his own heart
податлива готовність слухати божественний голос у власному серці;
all these things had slowly become a memory
Всі ці речі поступово стали спогадом
the memory had been fleeting, distant, and quiet
Пам'ять була швидкоплинною, далекою і тихою
the holy source, which used to be near, now only murmured
Святе джерело, яке раніше було поруч, тепер тільки ремствувало
the holy source, which used to murmur within himself
Святе джерело, яке раніше ремствувало в собі
Nevertheless, many things he had learned from the Samanas
Однак багато чого він навчився від саман
he had learned from Gotama
він навчився у Готами
he had learned from his father the Brahman
він навчився від свого батька Брахмана
his father had remained within his being for a long time

Його батько довгий час залишався в його єстві
moderate living, the joy of thinking, hours of meditation
помірне життя, радість роздумів, години медитації
the secret knowledge of the self; his eternal entity
таємне пізнання себе; Його вічна сутність
the self which is neither body nor consciousness
Я, яке не є ні тілом, ні свідомістю
Many a part of this he still had
Багато з цього він ще мав
but one part after another had been submerged
але одна частина за одною була затоплена
and eventually each part gathered dust
і врешті-решт кожна частина припала пилом
a potter's wheel, once in motion, will turn for a long time
Гончарний круг, потрапивши в рух, буде довго крутитися
it loses its vigour only slowly
Вона втрачає свою силу лише повільно
and it comes to a stop only after time
І припиняється вона тільки через час
Siddhartha's soul had kept on turning the wheel of asceticism
Душа Сіддхартхи продовжувала крутити колесо аскетизму
the wheel of thinking had kept turning for a long time
Колесо мислення довго крутилося
the wheel of differentiation had still turned for a long time
Колесо диференціації ще довго крутилося
but it turned slowly and hesitantly
Але він повернувся повільно і нерішуче
and it was close to coming to a standstill
І це було близько до того, щоб зайти в глухий кут
Slowly, like humidity entering the dying stem of a tree
Повільно, як вологість, потрапляючи в відмираючий стовбур дерева
filling the stem slowly and making it rot
повільно наповнюючи стебло і змушуючи його гнити,
the world and sloth had entered Siddhartha's soul
світ і лінивець увійшли в душу Сіддхартхи

slowly it filled his soul and made it heavy
Повільно це наповнювало його душу і робило її важкою
it made his soul tired and put it to sleep
Це змусило його душу втомитися і приспало її
On the other hand, his senses had become alive
З іншого боку, його почуття ожили
there was much his senses had learned
Багато чого навчилися його почуття
there was much his senses had experienced
Багато чого пережили його почуття
Siddhartha had learned to trade
Сіддхартха навчився торгувати
he had learned how to use his power over people
Він навчився використовувати свою владу над людьми
he had learned how to enjoy himself with a woman
Він навчився розважатися з жінкою
he had learned how to wear beautiful clothes
Він навчився носити гарний одяг
he had learned how to give orders to servants
Він навчився віддавати накази слугам
he had learned how to bathe in perfumed waters
Він навчився купатися в ароматних водах
He had learned how to eat tenderly and carefully prepared food
Він навчився їсти ніжно і ретельно приготовлену їжу
he even ate fish, meat, and poultry
Він навіть їв рибу, м'ясо та птицю
spices and sweets and wine, which causes sloth and forgetfulness
спеції і солодощі і вино, яке викликає лінивство і забудькуватість
He had learned to play with dice and on a chess-board
Він навчився грати в кості і на шахівниці
he had learned to watch dancing girls
Він навчився спостерігати за танцюючими дівчатами
he learned to have himself carried about in a sedan-chair
Він навчився носити себе в кріслі седана

he learned to sleep on a soft bed
Він навчився спати на м'якому ліжку
But still he felt different from others
Але все ж він відчував себе не таким, як інші
he still felt superior to the others
Він все ще відчував свою перевагу над іншими
he always watched them with some mockery
Він завжди спостерігав за ними з якоюсь насмішкою
there was always some mocking disdain to how he felt about them
Завжди була якась глузлива зневага до того, що він відчував до них
the same disdain a Samana feels for the people of the world
таку ж зневагу Самана відчуває до людей світу

Kamaswami was ailing and felt annoyed
Камасвамі був хворий і відчував роздратування
he felt insulted by Siddhartha
він відчував себе ображеним Сіддхартхою
and he was vexed by his worries as a merchant
і його дратували його турботи як купця
Siddhartha had always watched these things with mockery
Сіддхартха завжди дивився на ці речі з насмішкою
but his mockery had become more tired
Але його глузування ще більше втомилися
his superiority had become more quiet
Його перевага стала спокійнішою
as slowly imperceptible as the rainy season passing by
так само повільно непомітно, як сезон дощів, що проходить повз
slowly, Siddhartha had assumed something of the childlike people's ways
повільно Сіддхартха взяв на себе щось із дитячих шляхів людей
he had gained some of their childishness
Він здобув частину їхньої дитячості
and he had gained some of their fearfulness

і він набув деякої їхньої лякливості

And yet, the more be become like them the more he envied them

І все ж, чим більше він ставав схожим на них, тим більше він їм заздрив

He envied them for the one thing that was missing from him

Він заздрив їм за одне, чого йому не вистачало

the importance they were able to attach to their lives

Значення, яке вони змогли надати своєму життю

the amount of passion in their joys and fears

кількість пристрасті в своїх радощах і страхах,

the fearful but sweet happiness of being constantly in love

Страшне, але солодке щастя бути постійно закоханим

These people were in love with themselves all of the time

Ці люди весь час були закохані в себе

women loved their children, with honours or money

Жінки любили своїх дітей, з почестями або грошима

the men loved themselves with plans or hopes

Чоловіки любили себе планами або надіями

But he did not learn this from them

Але він не навчився цього у них

he did not learn the joy of children

Він не пізнав радості дітей

and he did not learn their foolishness

і він не пізнав їхньої глупоти

what he mostly learned were their unpleasant things

Те, що він здебільшого дізнався, було їхніми неприємними речами

and he despised these things

і він зневажав це

in the morning, after having had company

вранці, після компанії

more and more he stayed in bed for a long time

Все більше і більше він надовго залишався в ліжку

he felt unable to think, and was tired

Він відчував, що не може думати і втомився

he became angry and impatient when Kamaswami bored

him with his worries
він став злим і нетерплячим, коли Камасвамі набрид йому своїми турботами
he laughed just too loud when he lost a game of dice
Він занадто голосно сміявся, коли програв гру в кості
His face was still smarter and more spiritual than others
Його обличчя все ще було розумнішим і духовнішим за інших
but his face rarely laughed anymore
Але його обличчя вже рідко сміялося
slowly, his face assumed other features
Поступово його обличчя набуло інших рис
the features often found in the faces of rich people
Риси, які часто зустрічаються в обличчях багатих людей
features of discontent, of sickliness, of ill-humour
риси невдоволення, хворобливості, негумору
features of sloth, and of a lack of love
риси лінивця і відсутність любові
the disease of the soul which rich people have
хвороба душі, яка є у багатих людей
Slowly, this disease grabbed hold of him
Поступово ця хвороба охопила його
like a thin mist, tiredness came over Siddhartha
як тонкий туман, втома охопила Сіддхартху
slowly, this mist got a bit denser every day
Повільно цей туман ставав трохи щільнішим з кожним днем
it got a bit murkier every month
З кожним місяцем ставало трохи похмуріше
and every year it got a bit heavier
І з кожним роком вона ставала трохи важче
dresses become old with time
Сукні з часом старіють
clothes lose their beautiful colour over time
Одяг з часом втрачає свій гарний колір
they get stains, wrinkles, worn off at the seams
на них з'являються плями, зморшки, стираються по швах

they start to show threadbare spots here and there
Вони починають показувати оголені плями то тут, то там
this is how Siddhartha's new life was
так склалося нове життя Сіддхартхи
the life which he had started after his separation from Govinda
життя, яке він почав після розлуки з Говіндою
his life had grown old and lost colour
Його життя постаріло і втратило колір
there was less splendour to it as the years passed by
З роками в ньому було менше пишноти
his life was gathering wrinkles and stains
Його життя збирало зморшки і плями
and hidden at bottom, disappointment and disgust were waiting
і сховалися внизу, чекали розчарування і відраза
they were showing their ugliness
Вони показували свою потворність
Siddhartha did not notice these things
Сіддхартха не помічав цих речей
he remembered the bright and reliable voice inside of him
Він запам'ятав світлий і надійний голос всередині себе
he noticed the voice had become silent
Він помітив, що голос замовк
the voice which had awoken in him at that time
голос, який прокинувся в ньому в той час
the voice that had guided him in his best times
голос, який керував ним у найкращі часи
he had been captured by the world
Він був захоплений світом
he had been captured by lust, covetousness, sloth
Його захопили хтивість, жадібність, лінивство
and finally he had been captured by his most despised vice
і, нарешті, він потрапив у полон до свого найбільш зневаженого пороку
the vice which he mocked the most
порок, над яким він знущався найбільше

the most foolish one of all vices
найбезглуздіший з усіх вад
he had let greed into his heart
Він впустив жадібність у своє серце
Property, possessions, and riches also had finally captured him
Майно, майно та багатство також остаточно захопили його
having things was no longer a game to him
Мати речі для нього більше не було грою
his possessions had become a shackle and a burden
Його майно стало кайданами і тягарем
It had happened in a strange and devious way
Це сталося дивним і підступним чином
Siddhartha had gotten this vice from the game of dice
Сіддхартха отримав цей порок від гри в кості
he had stopped being a Samana in his heart
він перестав бути саманою у своєму серці
and then he began to play the game for money
А потім став грати в гру на гроші
first he joined the game with a smile
Спочатку він вступив в гру з посмішкою
at this time he only played casually
У цей час він грав лише випадково
he wanted to join the customs of the childlike people
Він хотів долучитися до звичаїв дитячого народу
but now he played with an increasing rage and passion
Але тепер він грав зі зростаючою люттю і пристрастю
He was a feared gambler among the other merchants
Він був страшним азартним гравцем серед інших купців
his stakes were so audacious that few dared to take him on
Його ставки були настільки зухвалими, що мало хто наважувався взяти його на себе
He played the game due to a pain of his heart
Він грав у гру через біль у серці
losing and wasting his wretched money brought him an angry joy
Втрата і марнування своїх жалюгідних грошей принесли

йому сердиту радість
he could demonstrate his disdain for wealth in no other way
Свою зневагу до багатства він не міг продемонструвати ніяким іншим способом
he could not mock the merchants' false god in a better way
Він не міг краще знущатися над фальшивим богом купців
so he gambled with high stakes
Тому він грав з високими ставками
he mercilessly hated himself and mocked himself
Він нещадно ненавидів себе і знущався над собою
he won thousands, threw away thousands
Він виграв тисячі, викинув тисячі
he lost money, jewellery, a house in the country
Він втратив гроші, коштовності, будинок на дачі
he won it again, and then he lost again
Він знову виграв її, а потім знову програв
he loved the fear he felt while he was rolling the dice
Йому подобався страх, який він відчував, кидаючи кістки
he loved feeling worried about losing what he gambled
Він любив хвилюватися, що втратить те, що грав в азартні ігри
he always wanted to get this fear to a slightly higher level
Він завжди хотів підняти цей страх на трохи вищий рівень
he only felt something like happiness when he felt this fear
Він відчув щось схоже на щастя лише тоді, коли відчув цей страх
it was something like an intoxication
Це було щось на зразок сп'яніння
something like an elevated form of life
щось на зразок піднесеної форми життя
something brighter in the midst of his dull life
щось яскравіше посеред його похмурого життя
And after each big loss, his mind was set on new riches
І після кожної великої втрати його розум налаштовувався на нові багатства
he pursued the trade more zealously
Він займався торгівлею більш завзято

he forced his debtors more strictly to pay
Він змушував своїх боржників суворіше платити
because he wanted to continue gambling
тому що він хотів продовжувати грати в азартні ігри
he wanted to continue squandering
Він хотів продовжувати розбазарювати
he wanted to continue demonstrating his disdain of wealth
Він хотів продовжувати демонструвати свою зневагу до багатства
Siddhartha lost his calmness when losses occurred
Сіддхартха втратив спокій, коли сталися втрати
he lost his patience when he was not paid on time
Він втратив терпіння, коли йому не платили вчасно
he lost his kindness towards beggars
Він втратив доброту до жебраків
He gambled away tens of thousands at one roll of the dice
Він грав в азартні ігри десятки тисяч за один кидок кубиків
he became more strict and more petty in his business
Він став суворіше і дріб'язковіше в своїй справі
occasionally, he was dreaming at night about money!
Зрідка йому снилися ночами про гроші!
whenever he woke up from this ugly spell, he continued fleeing
Всякий раз, коли він прокидався від цього потворного заклинання, він продовжував тікати
whenever he found his face in the mirror to have aged, he found a new game
Всякий раз, коли він знаходив своє обличчя в дзеркалі, щоб постаріти, він знаходив нову гру
whenever embarrassment and disgust came over him, he numbed his mind
Щоразу, коли його охоплювали збентеження й відраза, він заціпенів від розуму
he numbed his mind with sex and wine
Він заціпенів свій розум сексом і вином
and from there he fled back into the urge to pile up and obtain possessions

- 149 -

і звідти він втік назад у бажанні накопичити і здобути майно

In this pointless cycle he ran
У цьому безглуздому циклі він біг
fromt his life he grow tired, old, and ill
З життя він втомився, постарів і захворів

Then the time came when a dream warned him
Потім прийшов час, коли сон попередив його
He had spent the hours of the evening with Kamala
Вечірні години він провів з Камалою
he had been in her beautiful pleasure-garden
Він був у її прекрасному розважальному саду
They had been sitting under the trees, talking
Вони сиділи під деревами і розмовляли
and Kamala had said thoughtful words
і Камала сказала задумливі слова
words behind which a sadness and tiredness lay hidden
слова, за якими ховалися смуток і втома
She had asked him to tell her about Gotama
Вона попросила його розповісти їй про Готаму
she could not hear enough of him
Вона не могла чути про нього достатньо
she loved how clear his eyes were
Їй подобалося, наскільки ясними були його очі
she loved how still and beautiful his mouth was
Їй подобалося, якими тихими і красивими були його уста
she loved the kindness of his smile
Вона любила доброту його посмішки
she loved how peaceful his walk had been
Їй подобалося, якою мирною була його хода
For a long time, he had to tell her about the exalted Buddha
Довгий час йому доводилося розповідати їй про піднесеного Будду
and Kamala had sighed, and spoke
і Камала зітхнула і заговорила
"One day, perhaps soon, I'll also follow that Buddha"

"Одного разу, можливо, незабаром, я також піду за цим Буддою"
"I'll give him my pleasure-garden for a gift"
«Я подарую йому на подарунок свій сад-задоволення»
"and I will take my refuge in his teachings"
"і Я знайду Свій притулок у Його вченнях"
But after this, she had aroused him
Але після цього вона збудила його
she had tied him to her in the act of making love
Вона прив'язала його до себе в акті занять любов'ю
with painful fervour, biting and in tears
з хворобливим запалом, кусаючи і в сльозах
it was as if she wanted to squeeze the last sweet drop out of this vain
Вона ніби хотіла вичавити з цієї суєти останню солодку краплю
Never before had it become so strangely clear to Siddhartha
Ніколи раніше це не ставало так дивно зрозуміло для Сіддхартхи
he felt how close lust was akin to death
Він відчував, наскільки близька пожадливість схожа на смерть
he laid by her side, and Kamala's face was close to him
він ліг біля неї, і обличчя Камали було близько до нього
under her eyes and next to the corners of her mouth
під очима і поруч з куточками рота
it was as clear as never before
Це було ясно, як ніколи раніше
there read a fearful inscription
Там прочитали страшний напис
an inscription of small lines and slight grooves
напис з дрібних ліній і невеликих борозенок
an inscription reminiscent of autumn and old age
напис, що нагадує про осінь і старість,
here and there, gray hairs among his black ones
то тут, то там сиве волосся серед його чорних
Siddhartha himself, who was only in his forties, noticed the

same thing
Те ж саме помітив і сам Сіддхартха, якому було всього за сорок
Tiredness was written on Kamala's beautiful face
На прекрасному обличчі Камали була написана втома
tiredness from walking a long path
втома від ходьби довгим шляхом,
a path which has no happy destination
шлях, який не має щасливого пункту призначення
tiredness and the beginning of withering
втома і початок в'янення,
fear of old age, autumn, and having to die
страх старості, осені і необхідності померти
With a sigh, he had bid his farewell to her
Зітхнувши, він попрощався з нею
the soul full of reluctance, and full of concealed anxiety
душа, повна небажання і сповнена прихованої тривоги

Siddhartha had spent the night in his house with dancing girls
Сіддхартха провів ніч у своєму будинку з танцюючими дівчатами
he acted as if he was superior to them
Він поводився так, ніби перевершував їх
he acted superior towards the fellow-members of his caste
Він діяв вище по відношенню до товаришів по своїй касті
but this was no longer true
Але це вже було неправдою
he had drunk much wine that night
Тієї ночі він випив багато вина
and he went to bed a long time after midnight
І він довго лягав спати після півночі
tired and yet excited, close to weeping and despair
втомлений і водночас схвильований, близький до плачу і відчаю
for a long time he sought to sleep, but it was in vain
Довгий час він прагнув заснути, але марно

his heart was full of misery
Його серце було сповнене страждань
he thought he could not bear any longer
Він думав, що не зможе більше терпіти
he was full of a disgust, which he felt penetrating his entire body
Він був сповнений відрази, яка, як він відчував, проникала в усе його тіло
like the lukewarm repulsive taste of the wine
як теплий відразливий смак вина
the dull music was a little too happy
Нудна музика була занадто щасливою
the smile of the dancing girls was a little too soft
Посмішка танцюючих дівчат була трохи занадто м'якою
the scent of their hair and breasts was a little too sweet
Аромат їх волосся і грудей був трохи занадто солодким
But more than by anything else, he was disgusted by himself
Але більше, ніж будь-що інше, він відчував огиду до себе
he was disgusted by his perfumed hair
Йому було огидно від його парфумованого волосся
he was disgusted by the smell of wine from his mouth
Йому було огидно від запаху вина з рота
he was disgusted by the listlessness of his skin
Йому було огидно від млявості його шкіри
Like when someone who has eaten and drunk far too much
Наприклад, коли хтось, хто з'їв і випив занадто багато
they vomit it back up again with agonising pain
Вони знову рвуть його з болісним болем
but they feel relieved by the vomiting
Але вони відчувають полегшення від блювоти
this sleepless man wished to free himself of these pleasures
Цей безсонний чоловік бажав звільнитися від цих задоволень
he wanted to be rid of these habits
Він хотів позбутися цих звичок
he wanted to escape all of this pointless life

Він хотів уникнути всього цього безглуздого життя
and he wanted to escape from himself
І він хотів втекти від самого себе
it wasn't until the light of the morning when he had slightly fallen sleep
Лише вранці він трохи заснув
the first activities in the street were already beginning
Перші заняття на вулиці вже починалися
for a few moments he had found a hint of sleep
На кілька хвилин він знайшов натяк на сон
In those moments, he had a dream
У ті моменти йому наснився сон
Kamala owned a small, rare singing bird in a golden cage
Камала володіла маленькою, рідкісною співочою пташкою в золотій клітці
it always sung to him in the morning
Це завжди співається йому вранці
but then he dreamt this bird had become mute
Але потім йому наснилося, що цей птах стала німою
since this arose his attention, he stepped in front of the cage
Оскільки це привернуло його увагу, він ступив перед кліткою
he looked at the bird inside the cage
Він подивився на пташку всередині клітки
the small bird was dead, and lay stiff on the ground
Маленька пташка була мертва, і лежала твердою на землі
He took the dead bird out of its cage
Він дістав мертву птицю з клітки
he took a moment to weigh the dead bird in his hand
Він знайшов хвилинку, щоб зважити мертву птицю в руці
and then threw it away, out in the street
а потім викинув, на вулицю
in the same moment he felt terribly shocked
У ту ж мить він відчув страшенний шок
his heart hurt as if he had thrown away all value
Його серце боліло, ніби він викинув усю цінність
everything good had been inside of this dead bird

Все хороше було всередині цього мертвого птаха
Starting up from this dream, he felt encompassed by a deep sadness
Починаючи з цього сну, він відчував глибокий смуток
everything seemed worthless to him
Йому все здавалося нікчемним
worthless and pointless was the way he had been going through life
нікчемним і безглуздим був шлях, яким він йшов по життю
nothing which was alive was left in his hands
Нічого, що було живим, не залишилося в його руках
nothing which was in some way delicious could be kept
Нічого, що було якимось смачним, не можна було зберегти
nothing worth keeping would stay
Нічого, що варто зберегти, не залишиться
alone he stood there, empty like a castaway on the shore
Один він стояв там, порожній, як потерпілий на березі

With a gloomy mind, Siddhartha went to his pleasure-garden
З похмурим розумом Сіддхартха відправився в свій сад задоволень
he locked the gate and sat down under a mango-tree
Він замкнув ворота і сів під мангове дерево
he felt death in his heart and horror in his chest
Він відчував смерть у серці і жах у грудях
he sensed how everything died and withered in him
Він відчув, як у ньому все вмирало і в'яло
By and by, he gathered his thoughts in his mind
Час від часу він збирав свої думки в голові
once again, he went through the entire path of his life
В черговий раз він пройшов весь шлях свого життя
he started with the first days he could remember
Він почав з перших днів, які пам'ятав
When was there ever a time when he had felt a true bliss?

Коли був час, коли він відчував справжнє блаженство?
Oh yes, several times he had experienced such a thing
Ах так, кілька разів він переживав таке
In his years as a boy he had had a taste of bliss
У дитинстві він відчув смак блаженства
he had felt happiness in his heart when he obtained praise from the Brahmans
він відчув щастя у своєму серці, коли отримав похвалу від брахманів
"There is a path in front of the one who has distinguished himself"
«Перед тим, хто відзначився, є шлях»
he had felt bliss reciting the holy verses
Він відчував блаженство, читаючи святі вірші
he had felt bliss disputing with the learned ones
Він відчував блаженство, сперечаючись з ученими
he had felt bliss when he was an assistant in the offerings
Він відчував блаженство, коли був помічником у підношеннях
Then, he had felt it in his heart
Тоді він відчув це у своєму серці
"There is a path in front of you"
«Перед тобою стежка»
"you are destined for this path"
"Вам призначено цей шлях"
"the gods are awaiting you"
«Боги чекають на тебе»
And again, as a young man, he had felt bliss
І знову, будучи юнаком, він відчув блаженство
when his thoughts separated him from those thinking on the same things
коли його думки відділяли його від тих, хто думає про те саме
when he wrestled in pain for the purpose of Brahman
коли він боровся з болем з метою Брахмана
when every obtained knowledge only kindled new thirst in him

коли кожне отримане знання тільки розпалювало в ньому нову спрагу

in the midst of the pain he felt this very same thing
Серед болю він відчував те саме

"Go on! You are called upon!"
"Продовжуй! Вас покликано!"

He had heard this voice when he had left his home
Він почув цей голос, коли вийшов з дому

he heard heard this voice when he had chosen the life of a Samana
він почув цей голос, коли вибрав життя Самани

and again he heard this voice when left the Samanas
і знову почув цей голос, коли залишив Самани

he had heard the voice when he went to see the perfected one
Він почув голос, коли пішов до досконалого

and when he had gone away from the perfected one, he had heard the voice
і коли він відійшов від досконалого, він почув голос

he had heard the voice when he went into the uncertain
Він почув цей голос, коли пішов у непевність

For how long had he not heard this voice any more?
Як довго він більше не чув цього голосу?

for how long had he reached no height any more?
Як довго він більше не досягав висоти?

how even and dull was the manner in which he went through life?
Наскільки рівним і нудним був спосіб, у який він ішов по життю?

for many long years without a high goal
довгі роки без високої мети

he had been without thirst or elevation
Він не відчував ні спраги, ні піднесення

he had been content with small lustful pleasures
Він задовольнявся маленькими хтивими задоволеннями

and yet he was never satisfied!
І все ж він ніколи не був задоволений!

For all of these years he had tried hard to become like the others
Всі ці роки він з усіх сил намагався стати таким, як інші
he longed to be one of the childlike people
Він прагнув бути одним з дітей, схожих на людей
but he didn't know that that was what he really wanted
Але він не знав, що це те, чого він насправді хоче
his life had been much more miserable and poorer than theirs
Його життя було набагато жалюгіднішим і біднішим, ніж їхнє
because their goals and worries were not his
тому що їхні цілі і турботи були не його
the entire world of the Kamaswami-people had only been a game to him
весь світ народу Камасвамі був для нього лише грою
their lives were a dance he would watch
Їхнє життя було танцем, за яким він спостерігав
they performed a comedy he could amuse himself with
Вони поставили комедію, якою він міг себе розважити
Only Kamala had been dear and valuable to him
Тільки Камала була йому дорога і цінна
but was she still valuable to him?
Але чи була вона все ще цінною для нього?
Did he still need her?
Вона йому ще була потрібна?
Or did she still need him?
Або він їй все ще був потрібен?
Did they not play a game without an ending?
Хіба вони не грали в гру без кінцівки?
Was it necessary to live for this?
Чи потрібно було для цього жити?
No, it was not necessary!
Ні, не було необхідності!
The name of this game was Sansara
Назва цієї гри було Sansara
a game for children which was perhaps enjoyable to play

once
Гра для дітей, в яку, мабуть, колись було приємно грати
maybe it could be played twice
Можливо, його можна було б зіграти двічі
perhaps you could play it ten times
Можливо, ви могли б зіграти в неї десять разів
but should you play it for ever and ever?
Але чи варто грати в неї на віки вічні?
Then, Siddhartha knew that the game was over
Тоді Сіддхартха знав, що гра закінчена
he knew that he could not play it any more
Він знав, що більше не зможе грати в неї
Shivers ran over his body and inside of him
Тремтіння пробігло по його тілу і всередині
he felt that something had died
Він відчував, що щось померло

That entire day, he sat under the mango-tree
Весь той день він сидів під манговим деревом
he was thinking of his father
Він думав про свого батька
he was thinking of Govinda
він думав про Говінду
and he was thinking of Gotama
і він думав про Готаму
Did he have to leave them to become a Kamaswami?
Чи повинен був він залишити їх, щоб стати Камасвамі?
He was still sitting there when the night had fallen
Він все ще сидів там, коли настала ніч
he caught sight of the stars, and thought to himself
Він побачив зірки і подумав про себе
"Here I'm sitting under my mango-tree in my pleasure-garden"
«Ось я сиджу під своїм манговим деревом у своєму розважальному саду»
He smiled a little to himself
Він трохи посміхнувся сам собі

was it really necessary to own a garden?
Чи дійсно потрібно було володіти садом?
was it not a foolish game?
Хіба це не була дурна гра?
did he need to own a mango-tree?
Чи потрібно було йому володіти манговим деревом?
He also put an end to this
Він також поклав цьому край
this also died in him
Це теж померло в ньому
He rose and bid his farewell to the mango-tree
Він підвівся і попрощався з манговим деревом
he bid his farewell to the pleasure-garden
Він попрощався з садом задоволень
Since he had been without food this day, he felt strong hunger
Оскільки в цей день він був без їжі, то відчував сильний голод
and he thought of his house in the city
і він думав про свій будинок у місті
he thought of his chamber and bed
Він думав про свою палату і ліжко
he thought of the table with the meals on it
Він думав про стіл з їжею на ньому
He smiled tiredly, shook himself, and bid his farewell to these things
Він втомлено посміхнувся, похитався і попрощався з цими речами
In the same hour of the night, Siddhartha left his garden
У ту ж годину ночі Сіддхартха покинув свій сад
he left the city and never came back
Він покинув місто і більше не повернувся

For a long time, Kamaswami had people look for him
Довгий час Камасвамі змушував людей шукати його
they thought he had fallen into the hands of robbers
Вони думали, що він потрапив до рук розбійників

Kamala had no one look for him
Камала нікого не шукала
she was not astonished by his disappearance
Вона не була здивована його зникненням
Did she not always expect it?
Чи не завжди вона цього очікувала?
Was he not a Samana?
Хіба він не був саманою?
a man who was at home nowhere, a pilgrim
Людина, яка ніде не була вдома, паломник
she had felt this the last time they had been together
Вона відчувала це востаннє, коли вони були разом
she was happy despite all the pain of the loss
Вона була щаслива, незважаючи на весь біль втрати
she was happy she had been with him one last time
Вона була щаслива, що була з ним востаннє
she was happy she had pulled him so affectionately to her heart
Вона була щаслива, що так ласкаво притягнула його до свого серця
she was happy she had felt completely possessed and penetrated by him
Вона була щаслива, що відчувала себе повністю одержимою і проникненою ним
When she received the news, she went to the window
Отримавши звістку, вона підійшла до вікна
at the window she held a rare singing bird
біля вікна вона тримала рідкісного співаючого птаха
the bird was held captive in a golden cage
Птах перебувала в полоні в золотій клітці
She opened the door of the cage
Вона відкрила двері клітки
she took the bird out and let it fly
Вона вийняла пташку і пустила її в політ
For a long time, she gazed after it
Довгий час вона дивилася за ним
From this day on, she received no more visitors

З цього дня вона більше не приймала відвідувачів
and she kept her house locked
і вона тримала свій будинок зачиненим
But after some time, she became aware that she was pregnant
Але через деякий час їй стало відомо, що вона вагітна
she was pregnant from the last time she was with Siddhartha
вона була вагітна з останнього разу, коли була з Сіддхартхою

By the River
Біля річки

Siddhartha walked through the forest
Сіддхартха йшов лісом
he was already far from the city
Він був уже далеко від міста
and he knew nothing but one thing
І він не знав нічого, крім одного
there was no going back for him
Шляху назад для нього не було
the life that he had lived for many years was over
Життя, яку він прожив багато років, закінчилася
he had tasted all of this life
Він скуштував усе це життя
he had sucked everything out of this life
Він висмоктував все з цього життя
until he was disgusted with it
поки йому не було огидно до цього
the singing bird he had dreamt of was dead
Співоча пташка, про яку він мріяв, була мертва
and the bird in his heart was dead too
І птах у серці його теж була мертва
he had been deeply entangled in Sansara
він був глибоко заплутаний у Сансарі
he had sucked up disgust and death into his body
Він всмоктав огиду і смерть у своє тіло
like a sponge sucks up water until it is full
як губка всмоктує воду, поки вона не наповниться,
he was full of misery and death
Він був сповнений страждань і смерті
there was nothing left in this world which could have attracted him
У цьому світі не залишилося нічого, що могло б його привабити
nothing could have given him joy or comfort
Ніщо не могло дати йому радості чи втіхи

he passionately wished to know nothing about himself anymore
Він пристрасно хотів більше нічого не знати про себе
he wanted to have rest and be dead
Він хотів відпочити і бути мертвим
he wished there was a lightning-bolt to strike him dead!
Він хотів, щоб була блискавка, щоб вдарити його мертвим!
If there only was a tiger to devour him!
Якби тільки був тигр, щоб його зжерти!
If there only was a poisonous wine which would numb his senses
Якби тільки було отруйне вино, яке оніміло б його почуття
a wine which brought him forgetfulness and sleep
вино, яке принесло йому забудькуватість і сон
a wine from which he wouldn't awake from
вино, від якого він не прокинувся
Was there still any kind of filth he had not soiled himself with?
Чи була ще якась гидота, якою він себе не забруднив?
was there a sin or foolish act he had not committed?
Чи був гріх або нерозумний вчинок, якого він не вчинив?
was there a dreariness of the soul he didn't know?
Чи була тужливість душі, якої він не знав?
was there anything he had not brought upon himself?
Чи було щось, чого він не накликав на себе?
Was it still at all possible to be alive?
Чи можна було взагалі бути живим?
Was it possible to breathe in again and again?
Чи можна було вдихати знову і знову?
Could he still breathe out?
Чи міг він ще видихнути?
was he able to bear hunger?
Чи був він здатний переносити голод?
was there any way to eat again?
Чи був спосіб знову поїсти?
was it possible to sleep again?
Чи можна було знову заснути?

could he sleep with a woman again?
Чи міг він знову спати з жінкою?
had this cycle not exhausted itself?
Хіба цей цикл не вичерпав себе?
were things not brought to their conclusion?
Хіба справи не були доведені до завершення?

Siddhartha reached the large river in the forest
Сіддхартха досяг великої річки в лісі
it was the same river he crossed when he had still been a young man
Це була та сама річка, яку він перейшов, коли був ще юнаком
it was the same river he crossed from the town of Gotama
це була та сама річка, яку він переправив з міста Готама
he remembered a ferryman who had taken him over the river
Він згадав поромника, який перевіз його через річку
By this river he stopped, and hesitantly he stood at the bank
Біля цієї річки він зупинився і нерішуче став на березі
Tiredness and hunger had weakened him
Втома і голод послабили його
"what should I walk on for?"
"За чим мені ходити?"
"to what goal was there left to go?"
"До якої мети залишалося йти?"
No, there were no more goals
Ні, цілей більше не було
there was nothing left but a painful yearning to shake off this dream
Не залишалося нічого, крім болісного бажання струсити цю мрію
he yearned to spit out this stale wine
Він жадав виплюнути це черстве вино
he wanted to put an end to this miserable and shameful life
Він хотів покласти край цій жалюгідному і ганебному життю

a coconut-tree bent over the bank of the river
кокосова пальма, схилена над берегом річки
Siddhartha leaned against its trunk with his shoulder
Сіддхартха притулився плечем до тулуба
he embraced the trunk with one arm
Він обійняв тулуб однією рукою
and he looked down into the green water
І він подивився вниз у зелену воду
the water ran under him
вода бігла під ним
he looked down and found himself to be entirely filled with the wish to let go
Він подивився вниз і виявив, що повністю сповнений бажання відпустити
he wanted to drown in these waters
Він хотів потонути в цих водах
the water reflected a frightening emptiness back at him
Вода відбивала на нього лякаючу порожнечу
the water answered to the terrible emptiness in his soul
вода відповіла на страшну порожнечу в його душі
Yes, he had reached the end
Так, він дійшов до кінця
There was nothing left for him, except to annihilate himself
Йому нічого не залишалося, крім як знищити себе
he wanted to smash the failure into which he had shaped his life
Він хотів розбити невдачу, в яку вплинув своє життя
he wanted to throw his life before the feet of mockingly laughing gods
Він хотів кинути своє життя перед ногами глузливо сміються богів
This was the great vomiting he had longed for; death
Це була велика блювота, якої він прагнув; смерть
the smashing to bits of the form he hated
розбиття на шматки форми, яку він ненавидів
Let him be food for fishes and crocodiles
Нехай він буде їжею для риб і крокодилів

Siddhartha the dog, a lunatic
Собака Сіддхартха, божевільний
a depraved and rotten body; a weakened and abused soul!
розпусне і гниле тіло; Ослаблена і скривджена душа!
let him be chopped to bits by the daemons
Нехай його порубають на шматки демони
With a distorted face, he stared into the water
Зі спотвореним обличчям він дивився у воду
he saw the reflection of his face and spat at it
Він побачив відображення свого обличчя і плюнув на нього
In deep tiredness, he took his arm away from the trunk of the tree
У глибокій втомі він відвів руку від стовбура дерева
he turned a bit, in order to let himself fall straight down
Він трохи повернувся, щоб дозволити собі впасти прямо вниз
in order to finally drown in the river
для того, щоб остаточно потонути в річці
With his eyes closed, he slipped towards death
Із закритими очима він скотився назустріч смерті
Then, out of remote areas of his soul, a sound stirred up
Потім з віддалених куточків його душі сколихнувся звук
a sound stirred up out of past times of his now weary life
Звук сколихнув минулі часи його тепер стомленого життя
It was a singular word, a single syllable
Це було слово однини, один склад
without thinking he spoke the voice to himself
Не замислюючись, він промовив голос сам до себе;
he slurred the beginning and the end of all prayers of the Brahmans
він невиразно оцінив початок і кінець всіх молитов брахманів
he spoke the holy Om
він говорив святим Ом
"that what is perfect" or "the completion"
"те, що є досконалим" або "завершення"

And in the moment he realized the foolishness of his actions
І в даний момент він усвідомив безглуздість своїх дій
the sound of Om touched Siddhartha's ear
звук Ом торкнувся вуха Сіддхартхи
his dormant spirit suddenly woke up
Його дрімаючий дух раптом прокинувся
Siddhartha was deeply shocked
Сіддхартха був глибоко шокований
he saw this was how things were with him
Він бачив, що так було з ним
he was so doomed that he had been able to seek death
Він був настільки приречений, що зміг шукати смерті
he had lost his way so much that he wished the end
Він так заблукав, що побажав кінця
the wish of a child had been able to grow in him
Бажання дитини змогло вирости в ньому
he had wished to find rest by annihilating his body!
Він хотів знайти спокій, знищивши своє тіло!
all the agony of recent times
Всі муки останнього часу
all sobering realizations that his life had created
всі протверезні усвідомлення, які створило його життя
all the desperation that he had felt
весь відчай, який він відчував
these things did not bring about this moment
Ці речі не настали цього моменту
when the Om entered his consciousness he became aware of himself
коли Ом увійшов у його свідомість, він усвідомив себе
he realized his misery and his error
Він усвідомив своє нещастя і свою помилку
Om! he spoke to himself
Ом! Він говорив сам до себе
Om! and again he knew about Brahman
Ом! і знову він знав про Брахмана
Om! he knew about the indestructibility of life
Ом! Він знав про незнищенність життя

Om! he knew about all that is divine, which he had forgotten
Ом! Він знав про все божественне, про що забув
But this was only a moment that flashed before him
Але це була лише мить, яка промайнула перед ним
By the foot of the coconut-tree, Siddhartha collapsed
Біля підніжжя кокосової пальми впав Сіддхартха
he was struck down by tiredness
Його вразила втома
mumbling "Om", he placed his head on the root of the tree
бурмочучи «Ом», він поклав голову на корінь дерева
and he fell into a deep sleep
і він занурився в глибокий сон
Deep was his sleep, and without dreams
Глибоким був його сон, і без снів
for a long time he had not known such a sleep any more
Давно він вже не знав такого сну

When he woke up after many hours, he felt as if ten years had passed
Прокинувшись через багато годин, він відчув, ніби минуло десять років
he heard the water quietly flowing
Він почув, як тихо текла вода
he did not know where he was
Він не знав, де знаходиться
and he did not know who had brought him here
і він не знав, хто привів його сюди
he opened his eyes and looked with astonishment
Він розплющив очі і здивовано подивився
there were trees and the sky above him
Над ним були дерева і небо
he remembered where he was and how he got here
Він згадав, де він був і як сюди потрапив
But it took him a long while for this
Але для цього йому знадобилося багато часу
the past seemed to him as if it had been covered by a veil

Минуле здавалося йому таким, ніби його накрила завіса
infinitely distant, infinitely far away, infinitely meaningless
нескінченно далекий, нескінченно далекий, нескінченно безглуздий
He only knew that his previous life had been abandoned
Він знав тільки, що його попереднє життя було покинуте
this past life seemed to him like a very old, previous incarnation
Це минуле життя здавалася йому дуже старим, попереднім втіленням
this past life felt like a pre-birth of his present self
Це минуле життя здавалося переднародженням його теперішнього «я»
full of disgust and wretchedness, he had intended to throw his life away
Сповнений огиди й убогості, він мав намір викинути своє життя
he had come to his senses by a river, under a coconut-tree
Він схаменувся біля річки, під кокосовою пальмою
the holy word "Om" was on his lips
святе слово «Ом» було на його вустах
he had fallen asleep and had now woken up
Він заснув і зараз прокинувся
he was looking at the world as a new man
Він дивився на світ як на нову людину
Quietly, he spoke the word "Om" to himself
Тихо він промовив собі слово «Ом»
the "Om" he was speaking when he had fallen asleep
"Ом" він говорив, коли заснув
his sleep felt like nothing more than a long meditative recitation of "Om"
його сон був схожий ні на що інше, як на довгу медитативну декламацію «Ом»
all his sleep had been a thinking of "Om"
весь його сон був думкою про "Ом"
a submergence and complete entering into "Om"
занурення і повне входження в "Ом"

a going into the perfected and completed
перехід до досконалого і завершеного
What a wonderful sleep this had been!
Який це був чудовий сон!
he had never before been so refreshed by sleep
Ніколи раніше він не був так освіжений сном
Perhaps, he really had died
Можливо, він дійсно помер
maybe he had drowned and was reborn in a new body?
Може, він потонув і переродився в новому тілі?
But no, he knew himself and who he was
Але ні, він знав себе і хто він
he knew his hands and his feet
Він знав свої руки і ноги
he knew the place where he lay
Він знав місце, де лежав
he knew this self in his chest
Він знав це в грудях
Siddhartha the eccentric, the weird one
Сіддхартха дивак, дивний
but this Siddhartha was nevertheless transformed
але ця Сіддхартха все-таки перетворилася
he was strangely well rested and awake
Він дивно добре відпочив і прокинувся
and he was joyful and curious
І він був радісним і цікавим

Siddhartha straightened up and looked around
Сіддхартха випростався і озирнувся
then he saw a person sitting opposite to him
Потім він побачив людину, що сиділа навпроти нього
a monk in a yellow robe with a shaven head
чернець у жовтому вбранні з голеною головою
he was sitting in the position of pondering
Він сидів у позі роздумів
He observed the man, who had neither hair on his head nor a beard

Він побачив чоловіка, у якого не було ні волосся на голові, ні бороди
he had not observed him for long when he recognised this monk
Він недовго спостерігав за ним, коли впізнав цього ченця
it was Govinda, the friend of his youth
це був Говінда, друг його юності
Govinda, who had taken his refuge with the exalted Buddha
Говінда, який знайшов притулок у піднесеного Будди
Like Siddhartha, Govinda had also aged
Як і Сіддхартха, Говінда також постарів
but his face still bore the same features
Але його обличчя все одно мало ті ж риси
his face still expressed zeal and faithfulness
На його обличчі все ще виражалися завзяття і вірність
you could see he was still searching, but timidly
Ви могли бачити, що він все ще шукав, але боязко
Govinda sensed his gaze, opened his eyes, and looked at him
Говінда відчув його погляд, розплющив очі і подивився на нього
Siddhartha saw that Govinda did not recognise him
Сіддхартха побачив, що Говінда не впізнав його
Govinda was happy to find him awake
Говінда був радий, що знайшов його прокинутим
apparently, he had been sitting here for a long time
Мабуть, він сидів тут давно
he had been waiting for him to wake up
Він чекав, коли він прокинеться
he waited, although he did not know him
Він чекав, хоча і не знав його
"I have been sleeping" said Siddhartha
"Я спав", - сказав Сіддхартха
"However did you get here?"
- Але ти потрапив сюди?
"You have been sleeping" answered Govinda
— Ти спав, — відповіла Говінда

"It is not good to be sleeping in such places"
«Недобре спати в таких місцях»
"snakes and the animals of the forest have their paths here"
«Змії і лісові звірі мають тут свої стежки»
"I, oh sir, am a follower of the exalted Gotama"
"Я, о, послідовник піднесеної Готами"
"I was on a pilgrimage on this path"
"Я був у паломництві на цьому шляху"
"I saw you lying and sleeping in a place where it is dangerous to sleep"
«Я бачив, як ти лежиш і спиш в місці, де спати небезпечно»
"Therefore, I sought to wake you up"
«Тому я прагнув розбудити тебе»
"but I saw that your sleep was very deep"
«Але я побачив, що твій сон був дуже глибоким»
"so I stayed behind from my group"
"Тому я залишився позаду своєї групи"
"and I sat with you until you woke up"
"І я сидів з тобою, поки ти не прокинувся"
"And then, so it seems, I have fallen asleep myself"
«А потім, здається, я сам заснув»
"I, who wanted to guard your sleep, fell asleep"
«Я, хто хотів охороняти твій сон, заснув»
"Badly, I have served you"
"Погано, я служив тобі"
"tiredness had overwhelmed me"
"Втома переповнила мене"
"But since you're awake, let me go to catch up with my brothers"
"Але оскільки ти не спиш, дозволь мені піти наздогнати моїх братів"
"I thank you, Samana, for watching out over my sleep" spoke Siddhartha
"Я дякую тобі, Самана, за те, що ти стежиш за моїм сном", - сказав Сіддхартха
"You're friendly, you followers of the exalted one"

"Ви доброзичливі, ви послідовники піднесеного"
"Now you may go to them"
"Тепер ти можеш піти до них"
"I'm going, sir. May you always be in good health"
— Я йду,. Нехай у тебе завжди буде міцне здоров'я"
"I thank you, Samana"
"Я дякую тобі, Самана"
Govinda made the gesture of a salutation and said "Farewell"
Говінда зробив жест привітання і сказав «Прощавай»
"Farewell, Govinda" said Siddhartha
— Прощай, Говінда, — сказав Сіддхартха
The monk stopped as if struck by lightning
Преподобний зупинився, немов в нього вдарила блискавка
"Permit me to ask, sir, from where do you know my name?"
— Дозвольте мені запитати,, звідки ви знаєте моє ім'я?
Siddhartha smiled, "I know you, oh Govinda, from your father's hut"
Сіддхартха посміхнувся: "Я знаю тебе, о Говінда, з хатини твого батька"
"and I know you from the school of the Brahmans"
«І я знаю вас зі школи брахманів»
"and I know you from the offerings"
"І я знаю тебе з приношень"
"and I know you from our walk to the Samanas"
"І я знаю вас з нашої прогулянки до Саман"
"and I know you from when you took refuge with the exalted one"
"І я знаю вас з того часу, коли ви знайшли притулок у піднесеного"
"You're Siddhartha," Govinda exclaimed loudly, "Now, I recognise you"
«Ти Сіддхартха, — голосно вигукнув Говінда, — тепер я впізнаю тебе»
"I don't comprehend how I couldn't recognise you right away"
"Я не розумію, як я не міг тебе відразу впізнати"

"Siddhartha, my joy is great to see you again"
"Сіддхартха, моя радість бачити тебе знову"
"It also gives me joy, to see you again" spoke Siddhartha
"Це також приносить мені радість, бачити вас знову", - сказав Сіддхартха
"You've been the guard of my sleep"
"Ти був охоронцем мого сну"
"again, I thank you for this"
"Ще раз дякую вам за це"
"but I wouldn't have required any guard"
"Але я б не потребував ніякого охоронця"
"Where are you going to, oh friend?"
"Куди ти йдеш, о друже?"
"I'm going nowhere," answered Govinda
— Я йду в нікуди, — відповіла Говінда
"We monks are always travelling"
«Ми, монахи, завжди подорожуємо»
"whenever it is not the rainy season, we move from one place to another"
"Всякий раз, коли не сезон дощів, ми переїжджаємо з одного місця в інше"
"we live according to the rules of the teachings passed on to us"
"Ми живемо за правилами переданого нам вчення"
"we accept alms, and then we move on"
«Ми приймаємо милостиню, а потім рухаємося далі»
"It is always like this"
"Це завжди так"
"But you, Siddhartha, where are you going to?"
- Але ти, Сіддхартха, куди ти збираєшся?
"for me it is as it is with you"
"Для мене це так, як є з тобою"
"I'm going nowhere; I'm just travelling"
"Я йду в нікуди; Я просто подорожую"
"I'm also on a pilgrimage"
"Я також у паломництві"
Govinda spoke "You say you're on a pilgrimage, and I

believe you"

Говінда сказав: «Ти кажеш, що ти в паломництві, і я тобі вірю»

"But, forgive me, oh Siddhartha, you do not look like a pilgrim"

"Але, вибачте мене, о Сіддхартха, ти не схожий на паломника"

"You're wearing a rich man's garments"

"Ти одягнений в одяг багатого чоловіка"

"you're wearing the shoes of a distinguished gentleman"

"Ти одягнений у взуття видатного джентльмена"

"and your hair, with the fragrance of perfume, is not a pilgrim's hair"

«І твоє волосся, з ароматом парфумів, не волосся пілігрима»

"you do not have the hair of a Samana"

"У тебе немає волосся Самани"

"you are right, my dear"

"Ти маєш рацію, мій дорогий"

"you have observed things well"

"Ви добре спостерігали за речами"

"your keen eyes see everything"

«Твої пильні очі все бачать»

"But I haven't said to you that I was a Samana"

"Але я не сказав вам, що я самана"

"I said I'm on a pilgrimage"

"Я сказав, що перебуваю в паломництві"

"And so it is, I'm on a pilgrimage"

"І так воно і є, я в паломництві"

"You're on a pilgrimage" said Govinda

"Ви в паломництві", - сказав Говінда

"But few would go on a pilgrimage in such clothes"

«Але мало хто відправиться в паломництво в такому одязі»

"few would pilger in such shoes"

«Мало хто провалиться в такому взутті»

"and few pilgrims have such hair"

«І мало хто з паломників має таке волосся»
"I have never met such a pilgrim"
«Я ніколи не зустрічав такого паломника»
"and I have been a pilgrim for many years"
"і я був паломником протягом багатьох років"
"I believe you, my dear Govinda"
"Я вірю тобі, мій дорогий Говінда"
"But now, today, you've met a pilgrim just like this"
"Але тепер, сьогодні, ви зустріли паломника саме так"
"a pilgrim wearing these kinds of shoes and garment"
"Паломник у такому взутті та одязі"
"Remember, my dear, the world of appearances is not eternal"
"Пам'ятай, мій дорогий, світ зовнішності не вічний"
"our shoes and garments are anything but eternal"
"Наше взуття та одяг зовсім не вічні"
"our hair and bodies are not eternal either"
"Наше волосся і тіло також не вічні"
I'm wearing a rich man's clothes"
Я в одязі багатія"
"you've seen this quite right"
"Ви бачили це цілком правильно"
"I'm wearing them, because I have been a rich man"
"Я ношу їх, тому що я був багатою людиною"
"and I'm wearing my hair like the worldly and lustful people"
"і я ношу волосся, як мирські та хтиві люди"
"because I have been one of them"
"тому що я був одним з них"
"And what are you now, Siddhartha?" Govinda asked
— А що ти тепер, Сіддхартха? — запитав Говінда
"I don't know it, just like you"
"Я цього не знаю, як і ти"
"I was a rich man, and now I am not a rich man anymore"
"Я був багатою людиною, а тепер я більше не багата людина"
"and what I'll be tomorrow, I don't know"

"А що я буду завтра, я не знаю"
"You've lost your riches?" asked Govinda
"Ти втратив свої багатства?" - запитав Говінда
"I've lost my riches, or they have lost me"
"Я втратив своє багатство, або вони втратили мене"
"My riches somehow happened to slip away from me"
"Моє багатство якимось чином вислизнуло від мене"
"The wheel of physical manifestations is turning quickly, Govinda"
«Колесо фізичних проявів швидко крутиться, Говінда»
"Where is Siddhartha the Brahman?"
"Де Сіддхартха-брахман?"
"Where is Siddhartha the Samana?"
"Де Самана Сіддхартха?"
"Where is Siddhartha the rich man?"
"Де багатий Сіддхартха?"
"Non-eternal things change quickly, Govinda, you know it"
"Невічні речі швидко змінюються, Говінда, ти це знаєш"
Govinda looked at the friend of his youth for a long time
Говінда довго дивився на друга своєї юності
he looked at him with doubt in his eyes
Він дивився на нього з сумнівом в очах
After that, he gave him the salutation which one would use on a gentleman
Після цього він привітав його, яким можна було б скористатися на джентльмена
and he went on his way, and continued his pilgrimage
І він пішов своєю дорогою, і продовжив своє паломництво
With a smiling face, Siddhartha watched him leave
З усміхненим обличчям Сіддхартха дивився, як він іде
he loved him still, this faithful, fearful man
Він любив його досі, цього вірного, страшного чоловіка
how could he not have loved everybody and everything in this moment?
Як він міг не любити всіх і все в цю мить?
in the glorious hour after his wonderful sleep, filled with Om!

у славну годину після його чудового сну, наповненого Ом!
The enchantment, which had happened inside of him in his sleep
Чари, які відбувалися всередині нього уві сні
this enchantment was everything that he loved
Цим зачаруванням було все, що він любив
he was full of joyful love for everything he saw
Він був сповнений радісної любові до всього, що бачив
exactly this had been his sickness before
Саме такою була його хвороба раніше
he had not been able to love anybody or anything
Він не міг любити нікого і нічого
With a smiling face, Siddhartha watched the leaving monk
З усміхненим обличчям Сіддхартха спостерігав за ченцем, що йде

The sleep had strengthened him a lot
Сон дуже зміцнив його
but hunger gave him great pain
Але голод завдав йому великого болю
by now he had not eaten for two days
До цього часу він не їв два дні
the times were long past when he could resist such hunger
Давно минули часи, коли він міг протистояти такому голоду
With sadness, and yet also with a smile, he thought of that time
З сумом, але й з посмішкою він думав про той час
In those days, so he remembered, he had boasted of three things to Kamala
У ті дні, як він пам'ятав, він хвалився Камалою трьома речами
he had been able to do three noble and undefeatable feats
Він зміг зробити три благородних і непереможних подвигу
he was able to fast, wait, and think
Він міг поститися, чекати і думати

These had been his possessions; his power and strength
Це були його володіння; Його міць і сила
in the busy, laborious years of his youth, he had learned these three feats
У напружені, трудомісткі роки своєї юності він пізнав ці три подвиги
And now, his feats had abandoned him
І ось, його подвиги покинули його
none of his feats were his any more
Жоден з його подвигів більше не був його
neither fasting, nor waiting, nor thinking
ні посту, ні очікування, ні мислення
he had given them up for the most wretched things
Він віддав їх заради найжалюгідніших речей
what is it that fades most quickly?
Що це таке, що в'яне найшвидше?
sensual lust, the good life, and riches!
Чуттєва пожадливість, добре життя і багатство!
His life had indeed been strange
Його життя дійсно було дивним
And now, so it seemed, he had really become a childlike person
І ось, так здавалося, він дійсно став дитячою людиною
Siddhartha thought about his situation
Сіддхартха подумав про своє становище
Thinking was hard for him now
Думати йому тепер було важко
he did not really feel like thinking
Йому не дуже хотілося думати
but he forced himself to think
Але він змусив себе задуматися
"all these most easily perishing things have slipped from me"
"Все це найлегше гине від мене"
"again, now I'm standing here under the sun"
«Знову ж таки, тепер я стою тут під сонцем»
"I am standing here just like a little child"

«Я стою тут так само, як маленька дитина»
"nothing is mine, I have no abilities"
«Ніщо не моє, у мене немає здібностей»
"there is nothing I could bring about"
"Я нічого не міг би принести"
"I have learned nothing from my life"
"Я нічого не навчився зі свого життя"
"How wondrous all of this is!"
"Як все це дивовижно!"
"it's wondrous that I'm no longer young"
"Дивно, що я вже не молодий"
"my hair is already half gray and my strength is fading"
«Моє волосся вже наполовину сиве і сили згасають»
"and now I'm starting again at the beginning, as a child!"
«І тепер я починаю все спочатку, як дитина!»
Again, he had to smile to himself
Знову йому довелося посміхнутися сам собі
Yes, his fate had been strange!
Так, його доля була дивною!
Things were going downhill with him
З ним справи йшли під укіс
and now he was again facing the world naked and stupid
І ось він знову зіткнувся зі світом голим і дурним
But he could not feel sad about this
Але сумувати з цього приводу він не міг
no, he even felt a great urge to laugh
Ні, він навіть відчував велике бажання сміятися
he felt an urge to laugh about himself
Він відчув бажання посміятися над собою
he felt an urge to laugh about this strange, foolish world
Він відчув бажання посміятися над цим дивним, дурним світом
"Things are going downhill with you!" he said to himself
"Справи йдуть з тобою під укіс!" - сказав він сам собі
and he laughed about his situation
І він сміявся над своєю ситуацією
as he was saying it he happened to glance at the river

Говорячи це, він випадково глянув на річку
and he also saw the river going downhill
і він також бачив, як річка спускається вниз
it was singing and being happy about everything
Співати і радіти всьому
He liked this, and kindly he smiled at the river
Йому це сподобалося, і він люб'язно посміхнувся річці
Was this not the river in which he had intended to drown himself?
Хіба це не та річка, в якій він мав намір потонути?
in past times, a hundred years ago
в минулі часи, сто років тому
or had he dreamed this?
Або йому це снилося?
"Wondrous indeed was my life" he thought
"Дивовижним справді було моє життя", — подумав він
"my life has taken wondrous detours"
"Моє життя пішло дивовижними обхідними шляхами"
"As a boy, I only dealt with gods and offerings"
"Хлопчиком я мав справу лише з богами та підношеннями"
"As a youth, I only dealt with asceticism"
«В юності я займався тільки аскетизмом»
"I spent my time in thinking and meditation"
«Я витратив свій час на роздуми і медитацію»
"I was searching for Brahman
«Я шукав Брахмана
and I worshipped the eternal in the Atman"
і я поклонявся вічному в Атмані"
"But as a young man, I followed the penitents"
"Але, будучи юнаком, я пішов за тими, хто кається"
"I lived in the forest and suffered heat and frost"
«Я жив у лісі і терпів спеку і мороз»
"there I learned how to overcome hunger"
«Там я навчився долати голод»
"and I taught my body to become dead"
"і я навчив своє тіло стати мертвим"

"Wonderfully, soon afterwards, insight came towards me"
"Чудово, невдовзі після цього до мене прийшло прозріння"
"insight in the form of the great Buddha's teachings"
"прозріння у вигляді вчення великого Будди"
"I felt the knowledge of the oneness of the world"
"Я відчув знання про єдність світу"
"I felt it circling in me like my own blood"
«Я відчував, як воно кружляє в мені, як моя власна кров»
"But I also had to leave Buddha and the great knowledge"
«Але мені також довелося залишити Будду і великі знання»
"I went and learned the art of love with Kamala"
«Я пішов і навчився мистецтву кохання з Камалою»
"I learned trading and business with Kamaswami"
"Я навчився торгівлі та бізнесу з Камасвамі"
"I piled up money, and wasted it again"
«Я накопичив гроші і знову витратив їх даремно»
"I learned to love my stomach and please my senses"
«Я навчився любити свій шлунок і радувати свої почуття»
"I had to spend many years losing my spirit"
«Мені довелося витратити багато років, втрачаючи дух»
"and I had to unlearn thinking again"
"і мені довелося знову відучитися думати"
"there I had forgotten the oneness"
"Там я забув про єдність"
"Isn't it just as if I had turned slowly from a man into a child"?
"Хіба це не так, ніби я повільно перетворився з чоловіка на дитину"?
"from a thinker into a childlike person"
«З мислителя в дитячу особистість»
"And yet, this path has been very good"
«І все ж, цей шлях був дуже хорошим»
"and yet, the bird in my chest has not died"
«І все ж, птах у мене в грудях не померла»
"what a path has this been!"

"Який це був шлях!"
"I had to pass through so much stupidity"
«Мені довелося пройти через стільки дурості»
"I had to pass through so much vice"
«Мені довелося пройти через стільки пороку»
"I had to make so many errors"
«Мені довелося зробити стільки помилок»
"I had to feel so much disgust and disappointment"
«Мені довелося відчувати стільки відрази і розчарування»
"I had to do all this to become a child again"
«Мені довелося все це зробити, щоб знову стати дитиною»
"and then I could start over again"
"І тоді я міг би почати спочатку"
"But it was the right way to do it"
«Але це був правильний шлях»
"my heart says yes to it and my eyes smile to it"
"Моє серце каже "так", і мої очі посміхаються йому"
"I've had to experience despair"
"Мені довелося випробувати відчай"
"I've had to sink down to the most foolish of all thoughts"
"Мені довелося опуститися до найбезглуздіших з усіх думок"
"I've had to think to the thoughts of suicide"
"Мені довелося думати про думки про самогубство"
"only then would I be able to experience divine grace"
"тільки тоді я зможу випробувати божественну благодать"
"only then could I hear Om again"
"тільки тоді я знову зможу почути Ом"
"only then would I be able to sleep properly and awake again"
"тільки тоді я зможу нормально спати і знову прокинутися"
"I had to become a fool, to find Atman in me again"
«Мені довелося стати дурнем, щоб знову знайти в собі Атмана»
"I had to sin, to be able to live again"
"Я повинен був грішити, щоб мати можливість жити

знову"
"Where else might my path lead me to?"
"Куди ще може привести мене мій шлях?"
"It is foolish, this path, it moves in loops"
«Нерозумно, цей шлях, він рухається петлями»
"perhaps it is going around in a circle"
«Можливо, він ходить по колу»
"Let this path go where it likes"
«Нехай цей шлях іде туди, куди йому заманеться»
"where ever this path goes, I want to follow it"
"Куди б цей шлях не пішов, я хочу йти ним"
he felt joy rolling like waves in his chest
Він відчував, як радість котиться, як хвилі в грудях
he asked his heart, "from where did you get this happiness?"
Він запитав своє серце: "Звідки ти взяв це щастя?"
"does it perhaps come from that long, good sleep?"
"Можливо, це пов'язано з таким довгим, хорошим сном?"
"the sleep which has done me so much good"
"Сон, який зробив мені стільки добра"
"or does it come from the word Om, which I said?"
"Або це походить від слова Ом, яке я сказав?"
"Or does it come from the fact that I have escaped?"
- Або це пов'язано з тим, що я втік?
"does this happiness come from standing like a child under the sky?"
"Чи приходить це щастя від того, що ви стоїте, як дитина під небом?"
"Oh how good is it to have fled"
"О, як добре втекти"
"it is great to have become free!"
"Чудово стати вільним!"
"How clean and beautiful the air here is"
«Яке тут чисте і красиве повітря»
"the air is good to breath"
«Повітрям добре дихати»
"where I ran away from everything smelled of ointments"
«де я втік від усього, що пахло мазями»

"spices, wine, excess, sloth"
"спеції, вино, надлишок, лінивець"
"How I hated this world of the rich"
"Як я ненавидів цей світ багатих"
"I hated those who revel in fine food and the gamblers!"
"Я ненавидів тих, хто насолоджується чудовою їжею, і азартних гравців!"
"I hated myself for staying in this terrible world for so long!
«Я ненавидів себе за те, що так довго залишався в цьому жахливому світі!
"I have deprived, poisoned, and tortured myself"
«Я себе обділив, отруїв і катував»
"I have made myself old and evil!"
"Я зробив себе старим і злим!"
"No, I will never again do the things I liked doing so much"
"Ні, я більше ніколи не буду робити те, що мені так подобалося"
"I won't delude myself into thinking that Siddhartha was wise!"
«Я не буду обманювати себе, думаючи, що Сіддхартха був мудрим!»
"But this one thing I have done well"
"Але це одна річ я зробив добре"
"this I like, this I must praise"
"це мені подобається, це я повинен похвалити"
"I like that there is now an end to that hatred against myself"
«Мені подобається, що тепер цій ненависті до себе покладено край»
"there is an end to that foolish and dreary life!"
"Цьому безглуздому і тужливому життю кінець!"
"I praise you, Siddhartha, after so many years of foolishness"
"Я хвалю тебе, Сіддхартха, після стількох років дурості"
"you have once again had an idea"
«У вас знову виникла ідея»
"you have heard the bird in your chest singing"
«Ти чув, як співає птах у грудях»
"and you followed the song of the bird!"

«А ти пішов за піснею птаха!»
with these thoughts he praised himself
Цими думками він вихваляв себе
he had found joy in himself again
Він знову знайшов радість у собі
he listened curiously to his stomach rumbling with hunger
Він з цікавістю слухав, як його живіт бурчав від голоду
he had tasted and spat out a piece of suffering and misery
Він скуштував і виплюнув шматочок страждань і страждань
in these recent times and days, this is how he felt
У ці недавні часи і дні саме це він відчував
he had devoured it up to the point of desperation and death
Він поглинув його до відчаю і смерті
how everything had happened was good
Як все сталося, було добре
he could have stayed with Kamaswami for much longer
він міг би залишитися з Камасвамі набагато довше
he could have made more money, and then wasted it
Він міг би заробити більше грошей, а потім витратити їх даремно
he could have filled his stomach and let his soul die of thirst
Він міг би наповнити свій шлунок і дозволити своїй душі померти від спраги
he could have lived in this soft upholstered hell much longer
Він міг би прожити в цьому м'якому оббитому пеклі набагато довше
if this had not happened, he would have continued this life
Якби цього не сталося, він би продовжив це життя
the moment of complete hopelessness and despair
Момент повної безвиході і відчаю
the most extreme moment when he hung over the rushing waters
самий екстремальний момент, коли він завис над бурхливими водами
the moment he was ready to destroy himself

У той момент, коли він був готовий знищити себе
the moment he had felt this despair and deep disgust
У ту мить, коли він відчув цей відчай і глибоку огиду
he had not succumbed to it
Він не піддався їй
the bird was still alive after all
Птах все-таки була жива
this was why he felt joy and laughed
Ось чому він відчував радість і сміявся
this was why his face was smiling brightly under his hair
Ось чому його обличчя яскраво посміхалося під волоссям
his hair which had now turned gray
його волосся, яке тепер посивіло
"It is good," he thought, "to get a taste of everything for oneself"
"Добре, - думав він, - спробувати все на собі"
"everything which one needs to know"
"Все, що потрібно знати"
"lust for the world and riches do not belong to the good things"
"Жага світу і багатства не належать до добрих"
"I have already learned this as a child"
«Я вже навчився цьому в дитинстві»
"I have known it for a long time"
«Я знаю це давно»
"but I hadn't experienced it until now"
"Але я не відчував цього досі"
"And now that I I've experienced it I know it"
"І тепер, коли я пережив це, я це знаю"
"I don't just know it in my memory, but in my eyes, heart, and stomach"
«Я знаю це не тільки в пам'яті, але і в очах, серці і животі»
"it is good for me to know this!"
"Мені добре це знати!"

For a long time, he pondered his transformation
Довгий час він обмірковував своє перетворення

he listened to the bird, as it sang for joy
Він слухав пташку, як вона співала від радості
Had this bird not died in him?
Хіба цей птах не загинула в ньому?
had he not felt this bird's death?
Хіба він не відчув смерті цього птаха?
No, something else from within him had died
Ні, щось інше зсередини померло
something which yearned to die had died
Те, що прагнуло померти, померло
Was it not this that he used to intend to kill?
Чи не це він мав намір убити?
Was it not his his small, frightened, and proud self that had died?
Хіба не його маленьке, перелякане і горде «я» померло?
he had wrestled with his self for so many years
Він стільки років боровся зі своїм «я»
the self which had defeated him again and again
«я», яке перемагало його знову і знову
the self which was back again after every killing
себе, яке поверталося знову після кожного вбивства
the self which prohibited joy and felt fear?
Самість, яка забороняла радість і відчувала страх?
Was it not this self which today had finally come to its death?
Хіба це не «я» сьогодні нарешті прийшло до своєї смерті?
here in the forest, by this lovely river
Тут, у лісі, біля цієї прекрасної річки
Was it not due to this death, that he was now like a child?
Хіба не через цю смерть він тепер був як дитина?
so full of trust and joy, without fear
Такий сповнений довіри і радості, без страху
Now Siddhartha also got some idea of why he had fought this self in vain
Тепер Сіддхартха також отримав деяке уявлення про те, чому він марно боровся з цим «я»
he knew why he couldn't fight his self as a Brahman

він знав, чому не може боротися зі своїм «я» як брахман
Too much knowledge had held him back
Занадто багато знань стримувало його
too many holy verses, sacrificial rules, and self-castigation
Занадто багато святих віршів, жертовних правил і самозасудження
all these things held him back
Все це стримувало його
so much doing and striving for that goal!
Так багато робити і прагнути до цієї мети!
he had been full of arrogance
Він був сповнений зарозумілості
he was always the smartest
Він завжди був найрозумнішим
he was always working the most
Він завжди працював найбільше
he had always been one step ahead of all others
Він завжди був на крок попереду всіх інших
he was always the knowing and spiritual one
Він завжди був знаючим і духовним
he was always considered the priest or wise one
Його завжди вважали священиком або мудрим
his self had retreated into being a priest, arrogance, and spirituality
Його «я» перетворилося на священика, зарозумілість і духовність
there it sat firmly and grew all this time
Там вона міцно сиділа і росла весь цей час
and he had thought he could kill it by fasting
і він думав, що може вбити його постом
Now he saw his life as it had become
Тепер він бачив своє життя таким, яким воно стало
he saw that the secret voice had been right
Він побачив, що таємний голос був правий
no teacher would ever have been able to bring about his salvation
Жоден учитель ніколи не зміг би здійснити своє спасіння

Therefore, he had to go out into the world
Тому йому довелося вийти в світ
he had to lose himself to lust and power
Йому довелося втратити себе заради похоті і влади
he had to lose himself to women and money
Йому довелося втратити себе заради жінок і грошей
he had to become a merchant, a dice-gambler, a drinker
Він повинен був стати торговцем, гравцем в кості, питущим
and he had to become a greedy person
І він повинен був стати жадібною людиною
he had to do this until the priest and Samana in him was dead
він повинен був це робити, поки священик і Самана в ньому не померли
Therefore, he had to continue bearing these ugly years
Тому йому довелося продовжувати терпіти ці потворні роки
he had to bear the disgust and the teachings
Він повинен був нести огиду і вчення
he had to bear the pointlessness of a dreary and wasted life
Йому довелося нести безглуздість тужливого і змарнованого життя
he had to conclude it up to its bitter end
Він повинен був завершити її до гіркого кінця
he had to do this until Siddhartha the lustful could also die
він повинен був робити це, поки Сіддхартха хтивий також не міг померти
He had died and a new Siddhartha had woken up from the sleep
Він помер, і новий Сіддхартха прокинувся від сну
this new Siddhartha would also grow old
ця нова Сіддхартха також постаріє
he would also have to die eventually
Йому також доведеться врешті-решт померти
Siddhartha was still mortal, as is every physical form
Сіддхартха все ще був смертним, як і будь-яка фізична

форма
But today he was young and a child and full of joy
Але сьогодні він був молодий і дитина, сповнений радості
He thought these thoughts to himself
Він думав ці думки про себе
he listened with a smile to his stomach
Він слухав з посмішкою живіт
he listened gratefully to a buzzing bee
Він вдячно слухав дзижчання бджоли
Cheerfully, he looked into the rushing river
Бадьоро він дивився в бурхливу річку
he had never before liked a water as much as this one
Він ніколи раніше не любив воду так сильно, як ця
he had never before perceived the voice so stronger
Він ніколи раніше не сприймав голос так сильніше
he had never understood the parable of the moving water so strongly
Він ніколи так сильно не розумів притчі про рухому воду
he had never before noticed how beautifully the river moved
Він ніколи раніше не помічав, як красиво рухається річка
It seemed to him, as if the river had something special to tell him
Йому здавалося, ніби річка має щось особливе, щоб сказати йому
something he did not know yet, which was still awaiting him
Чогось він ще не знав, що все ще чекало на нього
In this river, Siddhartha had intended to drown himself
У цій річці Сіддхартха мав намір потонути
in this river the old, tired, desperate Siddhartha had drowned today
в цій річці сьогодні потонув старий, втомлений, відчайдушний Сіддхартха
But the new Siddhartha felt a deep love for this rushing water
Але новий Сіддхартха відчув глибоку любов до цієї

бурхливої води
and he decided for himself, not to leave it very soon
І вирішив для себе, не залишати її дуже скоро

The Ferryman
Паромщик

"By this river I want to stay," thought Siddhartha
"Біля цієї річки я хочу залишитися", - подумав Сіддхартха
"it is the same river which I have crossed a long time ago"
«Це та сама річка, яку я перетнув давним-давно»
"I was on my way to the childlike people"
«Я був на шляху до дітей»
"a friendly ferryman had guided me across the river"
"Доброзичливий паромщик провів мене через річку"
"he is the one I want to go to"
"Він той, до кого я хочу піти"
"starting out from his hut, my path led me to a new life"
«Почавши з його хатини, мій шлях привів мене до нового життя»
"a path which had grown old and is now dead"
"Шлях, який постарів і тепер мертвий"
"my present path shall also take its start there!"
"Мій теперішній шлях також почнеться там!"
Tenderly, he looked into the rushing water
Ніжно він дивився в бурхливу воду
he looked into the transparent green lines the water drew
Він дивився в прозорі зелені лінії, які малювала вода
the crystal lines of water were rich in secrets
Кришталеві лінії води були багаті таємницями
he saw bright pearls rising from the deep
Він побачив яскраві перлини, що піднімалися з глибини
quiet bubbles of air floating on the reflecting surface
тихі бульбашки повітря, плаваючі на відбиваючої поверхні,
the blue of the sky depicted in the bubbles
Блакить неба, зображена в бульбашках
the river looked at him with a thousand eyes
Річка подивилася на нього тисячею очей
the river had green eyes and white eyes
Річка мала зелені очі і білі очі

the river had crystal eyes and sky-blue eyes
Річка мала кришталеві очі і небесно-блакитні очі
he loved this water very much, it delighted him
Він дуже любив цю воду, вона його захоплювала
he was grateful to the water
Він був вдячний воді
In his heart he heard the voice talking
У своєму серці він почув голос, який говорив
"Love this water! Stay near it!"
"Любіть цю воду! Залишайся поруч!»
"Learn from the water!" hiw voice commanded him
«Навчіться з води!» — звелів йому голос
Oh yes, he wanted to learn from it
О так, він хотів навчитися на цьому
he wanted to listen to the water
Він хотів слухати воду
He who would understand this water's secrets
Той, хто зрозуміє таємниці цієї води
he would also understand many other things
Він також зрозуміє багато інших речей
this is how it seemed to him
Саме так йому здалося
But out of all secrets of the river, today he only saw one
Але з усіх таємниць річки сьогодні він бачив тільки одну
this secret touched his soul
Ця таємниця торкнулася його душі
this water ran and ran, incessantly
Ця вода бігла і бігла, без упину
the water ran, but nevertheless it was always there
Вода бігла, але тим не менше вона була завжди
the water always, at all times, was the same
Вода завжди, в усі часи, була однаковою
and at the same time it was new in every moment
І в той же час вона була новою в кожній миті
he who could grasp this would be great
Той, хто міг би це зрозуміти, був би чудовим
but he didn't understand or grasp it

Але він цього не розумів і не розумів
he only felt some idea of it stirring
Він лише відчував, як це ворушиться
it was like a distant memory, a divine voices
Це було як далекий спогад, божественний голос

Siddhartha rose as the workings of hunger in his body became unbearable
Сіддхартха піднявся, коли голод у його тілі став нестерпним
In a daze he walked further away from the city
У заціпенінні він пішов далі від міста
he walked up the river along the path by the bank
Він ішов вгору по річці стежкою біля берега
he listened to the current of the water
Він слухав течію води
he listened to the rumbling hunger in his body
Він прислухався до бурчання голоду в своєму тілі
When he reached the ferry, the boat was just arriving
Коли він дійшов до порома, човен якраз прибув
the same ferryman who had once transported the young Samana across the river
той самий перевізник, який колись перевозив молоду Саману через річку
he stood in the boat and Siddhartha recognised him
він стояв у човні, і Сіддхартха впізнав його
he had also aged very much
Він також дуже постарів
the ferryman was astonished to see such an elegant man walking on foot
Перевізник був здивований, побачивши такого елегантного чоловіка, що йде пішки
"Would you like to ferry me over?" he asked
"Чи не хотіли б ви переправити мене?" - запитав він
he took him into his boat and pushed it off the bank
Він узяв його в свій човен і відштовхнув від берега
"It's a beautiful life you have chosen for yourself" the

passenger spoke
«Це прекрасне життя, яке ви вибрали для себе», - заговорив пасажир
"It must be beautiful to live by this water every day"
«Жити біля цієї води кожен день має бути красиво»
"and it must be beautiful to cruise on it on the river"
«І круїз по ньому по річці повинен бути красивим»
With a smile, the man at the oar moved from side to side
З посмішкою чоловік на веслі рухався з боку в бік
"It is as beautiful as you say, sir"
- Це так прекрасно, як ви кажете,
"But isn't every life and all work beautiful?"
- Але хіба не кожне життя і всі роботи прекрасні?
"This may be true" replied Siddhartha
— Це може бути правдою, — відповів Сіддхартха
"But I envy you for your life"
«Але я заздрю тобі за твоє життя»
"Ah, you would soon stop enjoying it"
"Ах, ти скоро перестанеш насолоджуватися цим"
"This is no work for people wearing fine clothes"
«Це не робота для людей у гарному одязі»
Siddhartha laughed at the observation
Сіддхартха засміявся з цього спостереження
"Once before, I have been looked upon today because of my clothes"
"Колись на мене дивилися сьогодні через мій одяг"
"I have been looked upon with distrust"
«На мене дивилися з недовірою»
"they are a nuisance to me"
"Вони мені неприємність"
"Wouldn't you, ferryman, like to accept these clothes"
"Чи не хотів би ти, перевізник, прийняти цей одяг"
"because you must know, I have no money to pay your fare"
"Тому що ви повинні знати, у мене немає грошей, щоб оплатити ваш проїзд"
"You're joking, sir," the ferryman laughed
— Ви жартуєте,, — засміявся перевізник

"I'm not joking, friend"

"Я не жартую, друже"

"once before you have ferried me across this water in your boat"

"Одного разу ти переправив мене через цю воду на своєму човні"

"you did it for the immaterial reward of a good deed"

«Ти зробив це заради нематеріальної винагороди за добру справу»

"ferry me across the river and accept my clothes for it"

"Переправте мене через річку і прийміть за це мій одяг"

"And do you, sir, intent to continue travelling without clothes?"

— А ви,, маєте намір продовжувати подорожувати без одягу?

"Ah, most of all I wouldn't want to continue travelling at all"

"Ах, найбільше я б взагалі не хотів продовжувати подорожувати"

"I would rather you gave me an old loincloth"

"Я б хотів, щоб ти подарував мені стару пов'язку на стегнах"

"I would like it if you kept me with you as your assistant"

«Мені б дуже хотілося, щоб ти залишив мене при собі в якості свого помічника»

"or rather, I would like if you accepted me as your trainee"

«точніше, я хотів би, щоб ви прийняли мене в якості свого стажиста»

"because first I'll have to learn how to handle the boat"

«тому що спочатку мені доведеться навчитися поводитися з човном»

For a long time, the ferryman looked at the stranger

Довго паромщик дивився на незнайомця

he was searching in his memory for this strange man

Він шукав у своїй пам'яті цю дивну людину

"Now I recognise you," he finally said

"Тепер я впізнаю тебе",—нарешті сказав він

"At one time, you've slept in my hut"

«Свого часу ти спав у моїй хаті»
"this was a long time ago, possibly more than twenty years"
«Це було давно, можливо, більше двадцяти років»
"and you've been ferried across the river by me"
"І я переправив тебе через річку"
"that day we parted like good friends"
"Того дня ми розлучилися, як хороші друзі"
"Haven't you been a Samana?"
"Хіба ти не був саманою?"
"I can't think of your name any more"
"Я більше не можу придумати твоє ім'я"
"My name is Siddhartha, and I was a Samana"
"Мене звуть Сіддхартха, і я був саманою"
"I had still been a Samana when you last saw me"
"Я все ще був саманою, коли ти востаннє бачив мене"
"So be welcome, Siddhartha. My name is Vasudeva"
— Тож ласкаво просимо, Сіддхартха. Мене звуть Васудева"
"You will, so I hope, be my guest today as well"
"Ти будеш, тому я сподіваюся, що і сьогодні будеш моїм гостем"
"and you may sleep in my hut"
"І ти можеш спати в моїй хаті"
"and you may tell me, where you're coming from"
"І ти можеш сказати мені, звідки ти йдеш"
"and you may tell me why these beautiful clothes are such a nuisance to you"
"І ти можеш сказати мені, чому цей прекрасний одяг такий неприємний для тебе"
They had reached the middle of the river
Вони дійшли до середини річки
Vasudeva pushed the oar with more strength
Васудева штовхнула весло з більшою силою
in order to overcome the current
з метою подолання течії
He worked calmly, with brawny arms
Працював спокійно, з хоробрими руками
his eyes were fixed in on the front of the boat

Його погляд був зосереджений на передній частині човна
Siddhartha sat and watched him
Сіддхартха сидів і спостерігав за ним
he remembered his time as a Samana
він пам'ятав свій час як Самана
he remembered how love for this man had stirred in his heart
Він згадав, як любов до цієї людини заворушилася в його серці
Gratefully, he accepted Vasudeva's invitation
На щастя, він прийняв запрошення Васудева
When they had reached the bank, he helped him to tie the boat to the stakes
Коли вони дійшли до берега, він допоміг йому прив'язати човен до кілків
after this, the ferryman asked him to enter the hut
Після цього паромщик попросив його увійти в хатину
he offered him bread and water, and Siddhartha ate with eager pleasure
він запропонував йому хліб і воду, і Сіддхартха їв з нетерплячою насолодою
and he also ate with eager pleasure of the mango fruits Vasudeva offered him
і він також їв з нетерплячою насолодою плоди манго, які йому пропонувала Васудева

Afterwards, it was almost the time of the sunset
Після цього настав майже час заходу сонця
they sat on a log by the bank
Вони сиділи на колоді біля банку
Siddhartha told the ferryman about where he originally came from
Сіддхартха розповів перевізнику про те, звідки він родом
he told him about his life as he had seen it today
Він розповів йому про своє життя таким, яким він його бачив сьогодні
the way he had seen it in that hour of despair

таким, яким він бачив це в ту годину відчаю;
the tale of his life lasted late into the night
Розповідь про його життя тривала до пізньої ночі
Vasudeva listened with great attention
Васудева слухала з великою увагою
Listening carefully, he let everything enter his mind
Уважно слухаючи, він пускав все в свою свідомість
birthplace and childhood, all that learning
Місце народження і дитинство, все це навчання
all that searching, all joy, all distress
Все це шукає, вся радість, все горе
This was one of the greatest virtues of the ferryman
Це було одним з найбільших чеснот паромщика
like only a few, he knew how to listen
Як і лише деякі з них, він умів слухати
he did not have to speak a word
Йому не потрібно було говорити ні слова
but the speaker sensed how Vasudeva let his words enter his mind
але оратор відчув, як Васудева дозволила своїм словам увійти в його розум
his mind was quiet, open, and waiting
Його розум був тихим, відкритим і чекав
he did not lose a single word
Він не втратив жодного слова
he did not await a single word with impatience
Він не чекав жодного слова з нетерпінням
he did not add his praise or rebuke
Він не додав своєї похвали чи докору
he was just listening, and nothing else
Він просто слухав, і більше нічого
Siddhartha felt what a happy fortune it is to confess to such a listener
Сіддхартха відчув, яке це щасливе щастя зізнатися такому слухачеві
he felt fortunate to bury in his heart his own life
Йому пощастило поховати у своєму серці власне життя

he burried his own search and suffering
Він поховав власні пошуки і страждання
he told the tale of Siddhartha's life
він розповів історію життя Сіддхартхи
when he spoke of the tree by the river
коли він говорив про дерево біля річки
when he spoke of his deep fall
коли він говорив про своє глибоке падіння
when he spoke of the holy Om
коли він говорив про святого Ома
when he spoke of how he had felt such a love for the river
коли він говорив про те, що відчував таку любов до річки
the ferryman listened to these things with twice as much attention
Перевізник слухав ці речі з удвічі більшою увагою
he was entirely and completely absorbed by it
Він був цілком і повністю поглинений нею
he was listening with his eyes closed
Він слухав із заплющеними очима
when Siddhartha fell silent a long silence occurred
коли Сіддхартха замовк, настала довга тиша
then Vasudeva spoke "It is as I thought"
тоді Васудева заговорила: «Це так, як я думала»
"The river has spoken to you"
"Річка заговорила з тобою"
"the river is your friend as well"
"Річка - твій друг"
"the river speaks to you as well"
«Річка говорить і з тобою»
"That is good, that is very good"
"Це добре, це дуже добре"
"Stay with me, Siddhartha, my friend"
"Залишайся зі мною, Сіддхартха, мій друг"
"I used to have a wife"
"Раніше у мене була дружина"
"her bed was next to mine"
"Її ліжко було поруч з моїм"

"but she has died a long time ago"
«Але вона давно померла»
"for a long time, I have lived alone"
«Довгий час я жив один»
"Now, you shall live with me"
"Тепер ти будеш жити зі мною"
"there is enough space and food for both of us"
«Місця і їжі вистачить нам обом»
"I thank you," said Siddhartha
— Я дякую тобі, — сказав Сіддхартха
"I thank you and accept"
"Я дякую вам і приймаю"
"And I also thank you for this, Vasudeva"
- І я також дякую тобі за це, Васудева
"I thank you for listening to me so well"
"Я дякую вам за те, що ви мене так добре слухаєте"
"people who know how to listen are rare"
«Люди, які вміють слухати, зустрічаються рідко»
"I have not met a single person who knew it as well as you do"
«Я не зустрічав жодної людини, яка знала б це так добре, як ти»
"I will also learn in this respect from you"
"Я також буду вчитися в цьому відношенні у вас"
"You will learn it," spoke Vasudeva
— Ти навчишся цьому, — заговорила Васудева
"but you will not learn it from me"
"Але ти не навчишся цього від Мене"
"The river has taught me to listen"
«Річка навчила мене слухати»
"you will learn to listen from the river as well"
«Ти навчишся слухати і з річки»
"It knows everything, the river"
«Вона знає все, річка»
"everything can be learned from the river"
«Всьому можна навчитися з річки»
"See, you've already learned this from the water too"

«Бачиш, ти вже навчився цьому з води»
"you have learned that it is good to strive downwards"
"Ви дізналися, що добре прагнути вниз"
"you have learned to sink and to seek depth"
"Ви навчилися тонути і шукати глибину"
"The rich and elegant Siddhartha is becoming an oarsman's servant"
«Багатий і елегантний Сіддхартха стає слугою весляра»
"the learned Brahman Siddhartha becomes a ferryman"
«вчений брахман Сіддхартха стає поромщиком»
"this has also been told to you by the river"
"Це вам також сказала річка"
"You'll learn the other thing from it as well"
"Ви також навчитеся з цього іншого"
Siddhartha spoke after a long pause
Сіддхартха заговорив після довгої паузи
"What other things will I learn, Vasudeva?"
— Чого ще я навчуся, Васудева?
Vasudeva rose. "It is late," he said
Троянда Васудева. "Вже пізно",—сказав він
and Vasudeva proposed going to sleep
і Васудева запропонувала лягти спати
"I can't tell you that other thing, oh friend"
"Я не можу сказати тобі цього іншого, о друже"
"You'll learn the other thing, or perhaps you know it already"
"Ти навчишся іншому, або, можливо, ти це вже знаєш"
"See, I'm no learned man"
"Бачиш, я не вчена людина"
"I have no special skill in speaking"
«У мене немає особливих навичок говорити»
"I also have no special skill in thinking"
«У мене теж немає особливих навичок мислення»
"All I'm able to do is to listen and to be godly"
"Все, що я можу робити, це слухати і бути благочестивим"
"I have learned nothing else"
"Я більше нічому не навчився"

"If I was able to say and teach it, I might be a wise man"
"Якби я міг сказати і навчити цьому, я міг би бути мудрою людиною"
"but like this I am only a ferryman"
«Але ось так я тільки паромщик»
"and it is my task to ferry people across the river"
«І це моє завдання переправляти людей через річку»
"I have transported many thousands of people"
«Я перевіз багато тисяч людей»
"and to all of them, my river has been nothing but an obstacle"
"І для всіх них моя річка була нічим іншим, як перешкодою"
"it was something that got in the way of their travels"
"Це було щось, що заважало їхнім подорожам"
"they travelled to seek money and business"
«Вони подорожували в пошуках грошей і бізнесу»
"they travelled for weddings and pilgrimages"
"Вони їздили на весілля та паломництва"
"and the river was obstructing their path"
"і річка перегороджувала їм шлях"
"the ferryman's job was to get them quickly across that obstacle"
«Робота перевізника полягала в тому, щоб швидко переправити їх через цю перешкоду»
"But for some among thousands, a few, the river has stopped being an obstacle"
«Але для деяких серед тисяч, небагатьох, річка перестала бути перешкодою»
"they have heard its voice and they have listened to it"
"Вони почули його голос і вони прислухалися до нього"
"and the river has become sacred to them"
"і річка стала священною для них"
"it become sacred to them as it has become sacred to me"
"Вона стала священною для них, як стала священною для Мене"
"for now, let us rest, Siddhartha"

"Поки що відпочинемо, Сіддхартха"

Siddhartha stayed with the ferryman and learned to operate the boat
Сіддхартха залишився з поромщиком і навчився керувати човном

when there was nothing to do at the ferry, he worked with Vasudeva in the rice-field
коли на поромі не було чим зайнятися, він працював з Васудевою на рисовому полі

he gathered wood and plucked the fruit off the banana-trees
Він збирав дрова і зривав плоди з бананових дерев

He learned to build an oar and how to mend the boat
Він навчився будувати весло і лагодити човен

he learned how to weave baskets and repaid the hut
Він навчився плести кошики і відплатив хаті

and he was joyful because of everything he learned
І він радів завдяки всьому, чого навчився

the days and months passed quickly
Дні і місяці проходили швидко

But more than Vasudeva could teach him, he was taught by the river
Але більше, ніж могла навчити його Васудева, його навчила річка

Incessantly, he learned from the river
Невпинно він вчився у річки

Most of all, he learned to listen
Найбільше він навчився слухати

he learned to pay close attention with a quiet heart
Він навчився приділяти пильну увагу спокійним серцем

he learned to keep a waiting, open soul
Він навчився зберігати вичікувальну, відкриту душу

he learned to listen without passion
Він навчився слухати без пристрасті

he learned to listen without a wish
Він навчився слухати без бажання

he learned to listen without judgement

Він навчився слухати без осуду
he learned to listen without an opinion
Він навчився слухати без думки

In a friendly manner, he lived side by side with Vasudeva
У дружній манері він жив пліч-о-пліч з Васудевою
occasionally they exchanged some words
Час від часу вони обмінювалися деякими словами
then, at length, they thought about the words
Потім, довго, вони довго думали над словами
Vasudeva was no friend of words
Васудева не була другом слів
Siddhartha rarely succeeded in persuading him to speak
Сіддхартха рідко вдавалося переконати його висловитися
"did you too learn that secret from the river?"
— Ти теж дізнався цю таємницю з річки?
"the secret that there is no time?"
"Секрет, що немає часу?"
Vasudeva's face was filled with a bright smile
Обличчя Васудева було наповнене яскравою посмішкою
"Yes, Siddhartha," he spoke
"Так, Сіддхартха", — сказав він
"I learned that the river is everywhere at once"
«Я дізнався, що річка скрізь і відразу»
"it is at the source and at the mouth of the river"
«Це біля витоку і в гирлі річки»
"it is at the waterfall and at the ferry"
«Це біля водоспаду і на поромі»
"it is at the rapids and in the sea"
"Це біля порогів і в морі"
"it is in the mountains and everywhere at once"
"Це в горах і скрізь відразу"
"and I learned that there is only the present time for the river"
"і я дізнався, що є тільки теперішній час для річки"
"it does not have the shadow of the past"
«У ньому немає тіні минулого»

"and it does not have the shadow of the future"
«І в ньому немає тіні майбутнього»
"is this what you mean?" he asked
"Це те, що ви маєте на увазі?" - запитав він
"This is what I meant," said Siddhartha
"Ось що я мав на увазі", - сказав Сіддхартха
"And when I had learned it, I looked at my life"
"І коли я дізнався про це, я подивився на своє життя"
"and my life was also a river"
"І моє життя також було рікою"
"the boy Siddhartha was only separated from the man Siddhartha by a shadow"
«хлопчик Сіддхартха був відділений від чоловіка Сіддхартхи лише тінню»
"and a shadow separated the man Siddhartha from the old man Siddhartha"
"і тінь відділила чоловіка Сіддхартху від старого Сіддхартхи"
"things are separated by a shadow, not by something real"
«Речі розділені тінню, а не чимось реальним»
"Also, Siddhartha's previous births were not in the past"
«Крім того, попередні народження Сіддхартхи не були в минулому»
"and his death and his return to Brahma is not in the future"
«і його смерть і його повернення до Брахми не в майбутньому»
"nothing was, nothing will be, but everything is"
«Нічого не було, нічого не буде, але все є»
"everything has existence and is present"
«Все існує і присутнє»
Siddhartha spoke with ecstasy
Сіддхартха говорив з екстазом
this enlightenment had delighted him deeply
Це просвітлення глибоко захопило його
"was not all suffering time?"
"Чи не всі страждали час?"
"were not all forms of tormenting oneself a form of time?"

"Хіба не всі форми мук себе не були формою часу?"
"was not everything hard and hostile because of time?"
"Чи не все було важко і вороже через час?"
"is not everything evil overcome when one overcomes time?"
"Хіба не все зло долається, коли людина долає час?"
"as soon as time leaves the mind, does suffering leave too?"
«Як тільки час покидає розум, страждання теж йдуть?»
Siddhartha had spoken in ecstatic delight
Сіддхартха говорив в екстатичному захваті
but Vasudeva smiled at him brightly and nodded in confirmation
але Васудева яскраво посміхнулася йому і кивнула на підтвердження
silently he nodded and brushed his hand over Siddhartha's shoulder
він мовчки кивнув і провів рукою по плечу Сіддхартхи
and then he turned back to his work
А потім повернувся до своєї роботи

And Siddhartha asked Vasudeva again another time
І Сіддхартха знову запитав Васудеву іншим разом
the river had just increased its flow in the rainy season
Річка щойно збільшила свій стік у сезон дощів
and it made a powerful noise
І це зчинило потужний шум
"Isn't it so, oh friend, the river has many voices?"
- Хіба це не так, о друже, річка має багато голосів?
"Hasn't it the voice of a king and of a warrior?"
"Хіба це не голос царя і воїна?"
"Hasn't it the voice of of a bull and of a bird of the night?"
— Хіба це не голос бика і нічного птаха?
"Hasn't it the voice of a woman giving birth and of a sighing man?"
"Хіба це не голос жінки, яка народжує, і зітхаючого чоловіка?"
"and does it not also have a thousand other voices?"
- І хіба в ньому також немає тисячі інших голосів?

"it is as you say it is," Vasudeva nodded
— Це так, як ви кажете, — кивнула Васудева
"all voices of the creatures are in its voice"
"Всі голоси істот в його голосі"
"And do you know..." Siddhartha continued
"І чи знаєш ти..." Сіддхартха продовжував
"what word does it speak when you succeed in hearing all of voices at once?"
"Яке слово він говорить, коли вам вдається почути всі голоси одночасно?"
Happily, Vasudeva's face was smiling
На щастя, обличчя Васудева посміхалося
he bent over to Siddhartha and spoke the holy Om into his ear
він нахилився до Сіддхартхи і промовив йому на вухо святого Ома
And this had been the very thing which Siddhartha had also been hearing
І це було саме те, що також чув Сіддхартха

time after time, his smile became more similar to the ferryman's
Раз по раз його посмішка ставала все більш схожою на посмішку перевізника
his smile became almost just as bright as the ferryman's
Його посмішка стала майже такою ж яскравою, як у паромщика
it was almost just as thoroughly glowing with bliss
Він майже так само ретельно світився блаженством
shining out of thousand small wrinkles
сяйво з тисячі дрібних зморшок
just like the smile of a child
Так само, як посмішка дитини
just like the smile of an old man
Так само, як посмішка старого
Many travellers, seeing the two ferrymen, thought they were brothers

Багато мандрівників, побачивши двох паромщиків, думали, що вони брати

Often, they sat in the evening together by the bank

Часто вони сиділи вечорами разом біля банку

they said nothing and both listened to the water

Вони нічого не сказали і обидва слухали воду

the water, which was not water to them

вода, яка не була водою для них

it wasn't water, but the voice of life

Це була не вода, а голос життя

the voice of what exists and what is eternally taking shape

голос того, що існує і що вічно формується

it happened from time to time that both thought of the same thing

Час від часу траплялося, що обидва думали про одне й те саме

they thought of a conversation from the day before

Вони думали про розмову напередодні

they thought of one of their travellers

Вони думали про одного зі своїх мандрівників

they thought of death and their childhood

Вони думали про смерть і своє дитинство

they heard the river tell them the same thing

Вони чули, як річка говорила їм те саме

both delighted about the same answer to the same question

Обидва в захваті від однієї і тієї ж відповіді на одне і те ж питання

There was something about the two ferrymen which was transmitted to others

У двох перевізниках було щось, що було передано іншим

it was something which many of the travellers felt

Це було те, що відчували багато мандрівників

travellers would occasionally look at the faces of the ferrymen

Мандрівники час від часу дивилися на обличчя перевізників

and then they told the story of their life

А потім розповіли історію свого життя
they confessed all sorts of evil things
Вони зізнавалися у всяких злих речах
and they asked for comfort and advice
І вони просили розради та поради
occasionally someone asked for permission to stay for a night
Зрідка хтось просив дозволу залишитися на нічліг
they also wanted to listen to the river
Вони також хотіли послухати річку
It also happened that curious people came
Траплялося і так, що приходили цікаві люди
they had been told that there were two wise men
Їм було сказано, що є два мудреці
or they had been told there were two sorcerers
або їм сказали, що є два чаклуни
The curious people asked many questions
Допитливі люди задавали багато питань
but they got no answers to their questions
Але вони не отримали відповідей на свої запитання
they found neither sorcerers nor wise men
Вони не знайшли ні чаклунів, ні мудреців
they only found two friendly little old men, who seemed to be mute
Вони знайшли лише двох доброзичливих маленьких дідусиків, які, здавалося, були німими
they seemed to have become a bit strange in the forest by themselves
Здавалося, вони самі по собі стали трохи дивними в лісі
And the curious people laughed about what they had heard
А допитливі люди сміялися з почутого
they said common people were foolishly spreading empty rumours
Вони говорили, що прості люди нерозумно поширюють порожні чутки

The years passed by, and nobody counted them

Йшли роки, а їх ніхто не рахував
Then, at one time, monks came by on a pilgrimage
Потім, свого часу, на паломництво приїхали ченці
they were followers of Gotama, the Buddha
вони були послідовниками Готами, Будди
they asked to be ferried across the river
Вони попросили, щоб їх переправили через річку
they told them they were in a hurry to get back to their wise teacher
Вони сказали їм, що поспішають повернутися до свого мудрого вчителя
news had spread the exalted one was deadly sick
Поширилася звістка, що піднесений був смертельно хворий
he would soon die his last human death
Незабаром він помре своєю останньою людською смертю
in order to become one with the salvation
для того, щоб стати єдиним цілим зі спасінням
It was not long until a new flock of monks came
Невдовзі з'явилася нова паства ченців
they were also on their pilgrimage
Вони також були в своєму паломництві
most of the travellers spoke of nothing other than Gotama
більшість мандрівників не говорили ні про що інше, як про Готаму
his impending death was all they thought about
Його неминуча смерть була всім, про що вони думали
if there had been war, just as many would travel
Якби була війна, стільки ж подорожували б
just as many would come to the coronation of a king
Так само, як багато хто прийде на коронацію короля
they gathered like ants in droves
Вони збиралися, як мурахи, натовпами
they flocked, like being drawn onwards by a magic spell
Вони стікалися, немов їх тягло вперед магічне заклинання
they went to where the great Buddha was awaiting his death
вони пішли туди, де чекав своєї смерті великий Будда

the perfected one of an era was to become one with the glory
Досконала епоха мала стати єдиним цілим зі славою
Often, Siddhartha thought in those days of the dying wise man
Часто Сіддхартха думав в ті часи про вмираючого мудреця
the great teacher whose voice had admonished nations
Великий учитель, чий голос наставляв народи
the one who had awoken hundreds of thousands
Той, хто прокинувся сотнями тисяч
a man whose voice he had also once heard
Чоловік, голос якого він теж колись чув
a teacher whose holy face he had also once seen with respect
Учитель, чиє святе обличчя він теж колись бачив з повагою
Kindly, he thought of him
Люб'язно, він подумав про нього
he saw his path to perfection before his eyes
Він бачив перед очима свій шлях до досконалості
and he remembered with a smile those words he had said to him
і він з посмішкою згадав ті слова, які сказав йому
when he was a young man and spoke to the exalted one
коли він був юнаком і говорив з піднесеним;
They had been, so it seemed to him, proud and precious words
Це були, як йому здавалося, горді й дорогоцінні слова
with a smile, he remembered the the words
З посмішкою він запам'ятав слова
he knew that there was nothing standing between Gotama and him any more
він знав, що між Готамою і ним більше нічого немає
he had known this for a long time already
Він знав це вже давно
though he was still unable to accept his teachings
хоча він все ще не міг прийняти його вчення
there was no teaching a truly searching person
Не було навчання по-справжньому шукаючої людини
someone who truly wanted to find, could accept

Той, хто дійсно хотів знайти, міг прийняти
But he who had found the answer could approve of any teaching
Але той, хто знайшов відповідь, міг схвалити будь-яке вчення
every path, every goal, they were all the same
Кожен шлях, кожна мета, всі вони були однаковими
there was nothing standing between him and all the other thousands any more
Між ним і всіма іншими тисячами більше нічого не стояло
the thousands who lived in that what is eternal
тисячі тих, хто жив у тому, що є вічним
the thousands who breathed what is divine
Тисячі, які дихали тим, що є божественним

On one of these days, Kamala also went to him
В один з таких днів до нього пішла і Камала
she used to be the most beautiful of the courtesans
Раніше вона була найкрасивішою з куртизанок
A long time ago, she had retired from her previous life
Давним-давно вона пішла з попереднього життя
she had given her garden to the monks of Gotama as a gift
вона подарувала свій сад ченцям Готами
she had taken her refuge in the teachings
Вона знайшла свій притулок у вченнях
she was among the friends and benefactors of the pilgrims
Вона була серед друзів і благодійників паломників
she was together with Siddhartha, the boy
вона була разом з Сіддхартхою, хлопчиком
Siddhartha the boy was her son
Хлопчик Сіддхартха був її сином
she had gone on her way due to the news of the near death of Gotama
вона вирушила в дорогу через звістку про близьку смерть Готами
she was in simple clothes and on foot
Вона була в простому одязі і пішки

and she was With her little son
і вона була Зі своїм маленьким сином
she was travelling by the river
Вона їхала річкою
but the boy had soon grown tired
Але хлопчик незабаром втомився
he desired to go back home
Він хотів повернутися додому
he desired to rest and eat
Йому хотілося відпочити і поїсти
he became disobedient and started whining
Він став неслухняним і почав скиглити
Kamala often had to take a rest with him
Камалі часто доводилося відпочивати з ним
he was accustomed to getting what he wanted
Він звик отримувати бажане
she had to feed him and comfort him
Вона повинна була годувати його і втішати
she had to scold him for his behaviour
Їй довелося лаяти його за поведінку
He did not comprehend why he had to go on this exhausting pilgrimage
Він не розумів, навіщо йому довелося відправитися в це виснажливе паломництво
he did not know why he had to go to an unknown place
Він не знав, навіщо йому довелося їхати в невідоме місце
he did know why he had to see a holy dying stranger
Він знав, чому мав бачити святого вмираючого незнайомця
"So what if he died?" he complained
"А що, якщо він помре?" - поскаржився він
why should this concern him?
Чому це має його стосуватися?
The pilgrims were getting close to Vasudeva's ferry
Паломники наближалися до порома Васудева
little Siddhartha once again forced his mother to rest
маленький Сіддхартха в черговий раз змусив матір

відпочити
Kamala had also become tired
Камала також втомилася
while the boy was chewing a banana, she crouched down on the ground
Поки хлопчик жував банан, вона присіла на землю
she closed her eyes a bit and rested
Вона трохи заплющила очі і відпочила
But suddenly, she uttered a wailing scream
Але раптом вона вимовила плач крику
the boy looked at her in fear
Хлопчик злякано подивився на неї
he saw her face had grown pale from horror
Він побачив, що її обличчя зблідло від жаху
and from under her dress, a small, black snake fled
А з-під сукні втекла маленька чорна змія
a snake by which Kamala had been bitten
змія, яку вкусила Камала
Hurriedly, they both ran along the path, to reach people
Поспішно вони обидва побігли по стежці, щоб дістатися до людей
they got near to the ferry and Kamala collapsed
вони наблизилися до порома, і Камала впала
she was not able to go any further
Далі вона йти не змогла
the boy started crying miserably
Хлопчик почав жалюгідно плакати
his cries were only interrupted when he kissed his mother
Його крики перервалися лише тоді, коли він поцілував матір
she also joined his loud screams for help
Вона також приєдналася до його гучних криків про допомогу
she screamed until the sound reached Vasudeva's ears
вона кричала, поки звук не дійшов до вух Васудева
Vasudeva quickly came and took the woman on his arms
Васудева швидко підійшов і взяв жінку на руки

he carried her into the boat and the boy ran along
Він заніс її в човен, і хлопчик побіг разом
soon they reached the hut, where Siddhartha stood by the stove
незабаром вони дійшли до хатини, де біля печі стояв Сіддхартха
he was just lighting the fire
Він просто запалював вогонь
He looked up and first saw the boy's face
Він підвів очі і вперше побачив обличчя хлопчика
it wondrously reminded him of something
Це дивовижно нагадало йому про щось
like a warning to remember something he had forgotten
як попередження згадати те, що він забув
Then he saw Kamala, whom he instantly recognised
Потім він побачив Камалу, яку миттєво впізнав
she lay unconscious in the ferryman's arms
Вона лежала без свідомості в обіймах паромщика
now he knew that it was his own son
Тепер він знав, що це його рідний син
his son whose face had been such a warning reminder to him
його син, чиє обличчя було таким застережливим нагадуванням для нього
and the heart stirred in his chest
і серце заворушилося в грудях
Kamala's wound was washed, but had already turned black
Рана Камали була промита, але вже почорніла
and her body was swollen
і тіло її опухло
she was made to drink a healing potion
Її змусили пити цілюще зілля
Her consciousness returned and she lay on Siddhartha's bed
Її свідомість повернулася, і вона лягла на ліжко Сіддхартхи
Siddhartha stood over Kamala, who he used to love so much
Сіддхартха стояв над Камалою, яку він так любив
It seemed like a dream to her

Їй це здавалося мрією
with a smile, she looked at her friend's face
З посмішкою вона подивилася на обличчя своєї подруги
slowly she realized her situation
Повільно вона усвідомила своє становище
she remembered she had been bitten
Вона згадала, що її вкусили
and she timidly called for her son
І вона боязко покликала сина
"He's with you, don't worry," said Siddhartha
"Він з тобою, не хвилюйся", - сказав Сіддхартха
Kamala looked into his eyes
Камала подивилася йому в очі
She spoke with a heavy tongue, paralysed by the poison
Вона говорила важким язиком, паралізована отрутою
"You've become old, my dear," she said
"Ти постарів, моя люба",—сказала вона
"you've become gray," she added
"Ти став сивим", - додала вона
"But you are like the young Samana, who came without clothes"
"Але ти схожий на молоду Саману, яка прийшла без одягу"
"you're like the Samana who came into my garden with dusty feet"
"Ти схожий на Саману, яка прийшла в мій сад з запорошеними ногами"
"You are much more like him than you were when you left me"
"Ти набагато більше схожий на нього, ніж був, коли покинув мене"
"In the eyes, you're like him, Siddhartha"
"В очах ти схожий на нього, Сіддхартха"
"Alas, I have also grown old"
«На жаль, я теж постарів»
"could you still recognise me?"
"Ти все ще не міг би мене впізнати?"

Siddhartha smiled, "Instantly, I recognised you, Kamala, my dear"
Сіддхартха посміхнувся: "Миттєво я впізнав тебе, Камала, моя люба"
Kamala pointed to her boy
Камала вказала на свого хлопчика
"Did you recognise him as well?"
— Ти теж упізнав його?
"He is your son," she confirmed
"Він твій син", — підтвердила вона
Her eyes became confused and fell shut
Її очі розгубилися і заплющилися
The boy wept and Siddhartha took him on his knees
Хлопчик заплакав, а Сіддхартха взяла його на коліна
he let him weep and petted his hair
Він дозволив йому плакати і погладив його волосся
at the sight of the child's face, a Brahman prayer came to his mind
побачивши обличчя дитини, йому на думку спала брахманська молитва
a prayer which he had learned a long time ago
молитва, яку він давно вивчив
a time when he had been a little boy himself
час, коли він сам був маленьким хлопчиком
Slowly, with a singing voice, he started to speak
Повільно, співочим голосом він почав говорити
from his past and childhood, the words came flowing to him
З минулого і дитинства до нього лилися слова
And with that song, the boy became calm
І з тією піснею хлопчик заспокоївся
he was only now and then uttering a sob
Він тільки раз у раз вимовляв ридання
and finally he fell asleep
І нарешті він заснув
Siddhartha placed him on Vasudeva's bed
Сіддхартха поклав його на ліжко Васудева
Vasudeva stood by the stove and cooked rice

Васудева стояла біля плити і варила рис
Siddhartha gave him a look, which he returned with a smile
Сіддхартха кинув на нього погляд, який він повернув з посмішкою
"She'll die," Siddhartha said quietly
— Вона помре, — тихо сказав Сіддхартха
Vasudeva knew it was true, and nodded
Васудева зрозуміла, що це правда, і кивнула
over his friendly face ran the light of the stove's fire
По його привітному обличчю пробігло світло вогню печі
once again, Kamala returned to consciousness
Камала знову прийшла до тями
the pain of the poison distorted her face
Біль від отрути спотворила її обличчя
Siddhartha's eyes read the suffering on her mouth
Очі Сіддхартхи читали страждання на її устах
from her pale cheeks he could see that she was suffering
З її блідих щік він бачив, що вона страждає
Quietly, he read the pain in her eyes
Тихо він прочитав біль в її очах
attentively, waiting, his mind become one with her suffering
Уважно, чекаючи, його розум стає єдиним цілим з її стражданнями
Kamala felt it and her gaze sought his eyes
Камала відчула це, і її погляд шукав його очі
Looking at him, she spoke
Дивлячись на нього, вона говорила
"Now I see that your eyes have changed as well"
«Тепер я бачу, що змінилися і твої очі»
"They've become completely different"
«Вони стали зовсім іншими»
"what do I still recognise in you that is Siddhartha?
"Що я все ще впізнаю у вас, що це Сіддхартха?
"It's you, and it's not you"
"Це ти, і це не ти"
Siddhartha said nothing, quietly his eyes looked at hers
Сіддхартха нічого не сказала, тихо його очі дивилися на неї

"You have achieved it?" she asked
"Ви досягли цього?" - запитала вона
"You have found peace?"
"Ти знайшов спокій?"
He smiled and placed his hand on hers
Він посміхнувся і поклав руку на неї
"I'm seeing it" she said
"Я бачу це",—сказала вона
"I too will find peace"
"Я теж знайду спокій"
"You have found it," Siddhartha spoke in a whisper
— Ти знайшов його, — пошепки промовив Сіддхартха
Kamala never stopped looking into his eyes
Камала ніколи не переставала дивитися йому в очі
She thought about her pilgrimage to Gotama
Вона подумала про своє паломництво до Готами
the pilgrimage which she wanted to take
Паломництво, яке вона хотіла здійснити
in order to see the face of the perfected one
для того, щоб побачити обличчя досконалого
in order to breathe his peace
для того, щоб дихати його спокоєм
but she had now found it in another place
але тепер вона знайшла його в іншому місці
and this she thought that was good too
І це вона подумала, що теж добре
it was just as good as if she had seen the other one
Це було так само добре, ніби вона бачила іншого
She wanted to tell this to him
Вона хотіла сказати йому це
but her tongue no longer obeyed her will
Але її язик більше не підкорявся її волі
Without speaking, she looked at him
Не розмовляючи, вона подивилася на нього
he saw the life fading from her eyes
Він бачив, як життя згасає з її очей
the final pain filled her eyes and made them grow dim

Останній біль наповнив її очі і змусив їх потьмяніти
the final shiver ran through her limbs
Останнє тремтіння пробігло по її кінцівках
his finger closed her eyelids
Його палець зімкнув повіки

For a long time, he sat and looked at her peacefully dead face
Довго він сидів і дивився на її мирно мертве обличчя
For a long time, he observed her mouth
Довгий час він спостерігав за її ротом
her old, tired mouth, with those lips, which had become thin
її старий, стомлений рот, з тими губами, які стали тонкими
he remembered he used to compare this mouth with a freshly cracked fig
Він згадав, що звик порівнювати цей рот зі свіжопотрісканим інжиром
this was in the spring of his years
Це було навесні його років
For a long time, he sat and read the pale face
Довгий час він сидів і читав бліде обличчя
he read the tired wrinkles
Він читав «Втомлені зморшки»
he filled himself with this sight
Він наповнив себе цим видовищем
he saw his own face in the same manner
Він бачив своє власне обличчя таким же чином
he saw his face was just as white
Він побачив, що його обличчя таке ж біле
he saw his face was just as quenched out
Він побачив, що його обличчя так само згасло
at the same time he saw his face and hers being young
У той же час він побачив своє обличчя і її молодість
their faces with red lips and fiery eyes
їх обличчя з червоними губами і вогненними очима
the feeling of both being real at the same time

відчуття того, що обидва реальні одночасно
the feeling of eternity completely filled every aspect of his being
Відчуття вічності повністю заповнило кожен аспект Його істоти
in this hour he felt more deeply than than he had ever felt before
У цю годину він відчув глибше, ніж будь-коли раніше
he felt the indestructibility of every life
Він відчував незнищенність кожного життя
he felt the eternity of every moment
Він відчував вічність кожної миті
When he rose, Vasudeva had prepared rice for him
Коли він піднявся, Васудева приготувала для нього рис
But Siddhartha did not eat that night
Але Сіддхартха не їв тієї ночі
In the stable their goat stood
У стайні їх коза стояла
the two old men prepared beds of straw for themselves
Двоє старих приготували собі грядки соломи
Vasudeva laid himself down to sleep
Васудева лягла спати
But Siddhartha went outside and sat before the hut
Але Сіддхартха вийшов на вулицю і сів перед хатою
he listened to the river, surrounded by the past
Він слухав річку, оточену минулим
he was touched and encircled by all times of his life at the same time
Він був зворушений і оточений усіма часами свого життя одночасно
occasionally he rose and he stepped to the door of the hut
Час від часу він піднімався і ступав до дверей хатини
he listened whether the boy was sleeping
Він слухав, чи спить хлопчик

before the sun could be seen, Vasudeva came out of the stable
перш ніж було видно сонце, Васудева вийшла зі стайні
he walked over to his friend
Він підійшов до свого друга
"You haven't slept," he said
"Ти не спав", — сказав він
"No, Vasudeva. I sat here"
- Ні, Васудева. Я сидів тут"
"I was listening to the river"
«Я слухав річку»
"the river has told me a lot"
«Річка багато про що мені розповіла»
"it has deeply filled me with the healing thought of oneness"
"Це глибоко наповнило мене цілющою думкою про єдність"
"You've experienced suffering, Siddhartha"
"Ти зазнав страждань, Сіддхартха"
"but I see no sadness has entered your heart"
"але я бачу, що смуток не увійшов у твоє серце"
"No, my dear, how should I be sad?"
- Ні, моя люба, як мені сумувати?
"I, who have been rich and happy"
"Я, багатий і щасливий"
"I have become even richer and happier now"
«Тепер я став ще багатшим і щасливішим»
"My son has been given to me"
"Мені дано сина мого"
"Your son shall be welcome to me as well"
"Твій син буде прийнятий і мені"
"But now, Siddhartha, let's get to work"
- Але тепер, Сіддхартха, приступаймо до роботи»
"there is much to be done"
"Попереду ще багато роботи"
"Kamala has died on the same bed on which my wife had died"
«Камала померла на тому ж ліжку, на якому померла моя

дружина»
"Let us build Kamala's funeral pile on the hill"
«Побудуймо похоронну купу Камали на пагорбі»
"the hill on which I my wife's funeral pile is"
"пагорб, на якому знаходиться похоронна купа моєї дружини"
While the boy was still asleep, they built the funeral pile
Поки хлопчик ще спав, вони побудували похоронну купу

The Son
Син

Timid and weeping, the boy had attended his mother's funeral
Боязкий і заплаканий, хлопчик був присутній на похороні матері
gloomy and shy, he had listened to Siddhartha
похмурий і сором'язливий, він слухав Сіддхартху
Siddhartha greeted him as his son
Сіддхартха привітав його як свого сина
he welcomed him at his place in Vasudeva's hut
він зустрів його у себе в хаті Васудева
Pale, he sat for many days by the hill of the dead
Блідий, він багато днів сидів біля пагорба мертвих
he did not want to eat
Він не хотів їсти
he did not look at anyone
Він ні на кого не дивився
he did not open his heart
Він не відкрив свого серця
he met his fate with resistance and denial
Свою долю він зустрів опором і запереченням
Siddhartha spared giving him lessons
Сіддхартха щадив, даючи йому уроки
and he let him do as he pleased
і він дозволив йому робити те, що йому заманеться
Siddhartha honoured his son's mourning
Сіддхартха вшанував траур свого сина
he understood that his son did not know him
Він розумів, що син його не знає
he understood that he could not love him like a father
Він розумів, що не може любити його, як батька
Slowly, he also understood that the eleven-year-old was a pampered boy
Повільно він також зрозумів, що одинадцятирічний хлопчик був розпещеним хлопчиком

he saw that he was a mother's boy
Він побачив, що він хлопчик матері
he saw that he had grown up in the habits of rich people
Він бачив, що виріс у звичках багатих людей
he was accustomed to finer food and a soft bed
Він звик до більш тонкої їжі і м'якої постільної білизни
he was accustomed to giving orders to servants
Він звик віддавати накази слугам
the mourning child could not suddenly be content with a life among strangers
Траурна дитина не міг раптом задовольнятися життям серед чужих людей
Siddhartha understood the pampered child would not willingly be in poverty
Сіддхартха розумів, що розпещена дитина не охоче опиниться в бідності
He did not force him to do these these things
Він не примушував його робити ці речі
Siddhartha did many chores for the boy
Сіддхартха виконував багато домашніх справ для хлопчика
he always saved the best piece of the meal for him
Він завжди зберігав для нього найкращий шматок трапези
Slowly, he hoped to win him over, by friendly patience
Поступово він сподівався завоювати його дружнім терпінням
Rich and happy, he had called himself, when the boy had come to him
Багатий і щасливий, він назвав себе, коли хлопчик прийшов до нього
Since then some time had passed
З тих пір минув деякий час
but the boy remained a stranger and in a gloomy disposition
Але хлопчик залишився чужим і в похмурій вдачі
he displayed a proud and stubbornly disobedient heart
Він виявляв горде і вперто неслухняне серце
he did not want to do any work
Він не хотів робити ніякої роботи

he did not pay his respect to the old men
Він не віддав своєї поваги старим
he stole from Vasudeva's fruit-trees
він вкрав з фруктових дерев Васудеви
his son had not brought him happiness and peace
Син не приніс йому щастя і спокою
the boy had brought him suffering and worry
Хлопчик приніс йому страждання і занепокоєння
slowly Siddhartha began to understand this
поволі Сіддхартха почав розуміти це
But he loved him regardless of the suffering he brought him
Але він любив його, незважаючи на страждання, які він йому приніс
he preferred the suffering and worries of love over happiness and joy without the boy
Він вважав за краще страждання і турботи любові, а не щастя і радість без хлопчика
from when young Siddhartha was in the hut the old men had split the work
з того часу, коли молодий Сіддхартха був у хатині, старі люди розділили роботу
Vasudeva had again taken on the job of the ferryman
Васудева знову взявся за роботу перевізника
and Siddhartha, in order to be with his son, did the work in the hut and the field
а Сіддхартха, щоб бути зі своїм сином, виконував роботу в хаті і полі

for long months Siddhartha waited for his son to understand him
довгі місяці Сіддхартха чекав, поки син зрозуміє його
he waited for him to accept his love
Він чекав, поки він прийме свою любов
and he waited for his son to perhaps reciprocate his love
і він чекав, поки його син, можливо, відповість взаємністю на його любов
For long months Vasudeva waited, watching

Довгі місяці Васудева чекала, спостерігаючи
he waited and said nothing
Він чекав і нічого не сказав
One day, young Siddhartha tormented his father very much
Одного разу юний Сіддхартха дуже мучив батька
he had broken both of his rice-bowls
Він розбив обидві свої рисові миски
Vasudeva took his friend aside and talked to him
Васудева відвела свого друга вбік і поговорила з ним
"Pardon me," he said to Siddhartha
"Вибачте мене", — сказав він Сіддхартхі
"from a friendly heart, I'm talking to you"
"Від щирого серця я розмовляю з тобою"
"I'm seeing that you are tormenting yourself"
«Я бачу, що ти мучиш себе»
"I'm seeing that you're in grief"
"Я бачу, що ти в горі"
"Your son, my dear, is worrying you"
"Твій син, мій дорогий, турбує тебе"
"and he is also worrying me"
"І він також турбує мене"
"That young bird is accustomed to a different life"
«Та молода пташка звикла до іншого життя»
"he is used to living in a different nest"
«Він звик жити в іншому гнізді»
"he has not, like you, run away from riches and the city"
«Він, як і ти, не втік від багатств і міста»
"he was not disgusted and fed up with the life in Sansara"
"він не відчував огиди і набрид життям у Сансарі"
"he had to do all these things against his will"
"Він повинен був робити все це проти своєї волі"
"he had to leave all this behind"
«Він повинен був залишити все це позаду»
"I asked the river, oh friend"
"Я запитав річку, о друже"
"many times I have asked the river"
"Багато разів я питав ріку"

"But the river laughs at all of this"
«Але річка сміється над усім цим»
"it laughs at me and it laughs at you"
«Він сміється над мною і сміється над тобою»
"the river is shaking with laughter at our foolishness"
«Річка трясеться від сміху над нашою дурістю»
"Water wants to join water as youth wants to join youth"
«Вода хоче приєднатися до води, як молодь хоче приєднатися до молоді»
"your son is not in the place where he can prosper"
"Ваш син не там, де він може процвітати"
"you too should ask the river"
"Ви теж повинні запитати річку"
"you too should listen to it!"
"Ви теж повинні прислухатися до цього!"
Troubled, Siddhartha looked into his friendly face
Стурбований, Сіддхартха подивився в його доброзичливе обличчя
he looked at the many wrinkles in which there was incessant cheerfulness
Він дивився на безліч зморшок, в яких була безперервна бадьорість
"How could I part with him?" he said quietly, ashamed
"Як я міг розлучитися з ним?" сказав він тихо, соромлячись
"Give me some more time, my dear"
"Дайте мені ще трохи часу, мої дорогі"
"See, I'm fighting for him"
«Бачиш, я борюся за нього»
"I'm seeking to win his heart"
«Я прагну завоювати його серце»
"with love and with friendly patience I intend to capture it"
"З любов'ю і дружнім терпінням я маю намір захопити це"
"One day, the river shall also talk to him"
"Одного дня річка також заговорить з ним"
"he also is called upon"
"Він також покликаний"
Vasudeva's smile flourished more warmly

Усмішка Васудева розквітла тепліше
"Oh yes, he too is called upon"
"О так, він теж покликаний"
"he too is of the eternal life"
"Він також від вічного життя"
"But do we, you and me, know what he is called upon to do?"
"Але чи знаємо ми, ви і я, що Він покликаний робити?"
"we know what path to take and what actions to perform"
«Ми знаємо, який шлях обрати і які дії виконати»
"we know what pain we have to endure"
«Ми знаємо, який біль нам доведеться терпіти»
"but does he know these things?"
"Але чи знає він це?"
"Not a small one, his pain will be"
«Не маленький, його біль буде»
"after all, his heart is proud and hard"
«Адже серце його горде і тверде»
"people like this have to suffer and err a lot"
«Таким людям доводиться багато страждати і помилятися»
"they have to do much injustice"
«Вони повинні зробити багато несправедливості»
"and they have burden themselves with much sin"
"і вони обтяжують себе багатьма гріхами"
"Tell me, my dear," he asked of Siddhartha
"Скажи мені, моя люба",—попросив він про Сіддхартху
"you're not taking control of your son's upbringing?"
«Ти не береш під контроль виховання сина?»
"You don't force him, beat him, or punish him?"
"Ви не змушуєте його, не б'єте і не караєте?"
"No, Vasudeva, I don't do any of these things"
"Ні, Васудева, я нічого з цього не роблю"
"I knew it. You don't force him"
"Я це знав. Ти його не змушуєш"
"you don't beat him and you don't give him orders"
«Ти його не б'єш і не віддаєш йому наказів»

"because you know that soft is stronger than hard"
«Тому що ти знаєш, що м'який сильніший за твердий»
"you know water is stronger than rocks"
"Ви знаєте, що вода сильніша за скелі"
"and you know love is stronger than force"
«І ти знаєш, що любов сильніша за силу»
"Very good, I praise you for this"
«Дуже добре, я хвалю тебе за це»
"But aren't you mistaken in some way?"
- Але хіба ти в чомусь не помиляєшся?
"don't you think that you are forcing him?"
- Хіба ти не думаєш, що змушуєш його?
"don't you perhaps punish him a different way?"
— Хіба ти не караєш його по-іншому?
"Don't you shackle him with your love?"
- Хіба ти не сковує його своєю любов'ю?
"Don't you make him feel inferior every day?"
"Хіба ти не змушуєш його відчувати себе неповноцінним з кожним днем?"
"doesn't your kindness and patience make it even harder for him?"
— Хіба твоя доброта й терпіння не ускладнюють йому життя?
"aren't you forcing him to live in a hut with two old banana-eaters?"
- Хіба ти не змушуєш його жити в хатині з двома старими бананоїдами?
"old men to whom even rice is a delicacy"
«Старики, для яких навіть рис є делікатесом»
"old men whose thoughts can't be his"
"Старі, чиї думки не можуть бути його"
"old men whose hearts are old and quiet"
"Старі люди, чиї серця старі й тихі"
"old men whose hearts beat in a different pace than his"
"Старики, чиї серця б'ються в іншому темпі, ніж у нього"
"Isn't he forced and punished by all this?"
«Хіба він не змушений і не покараний усім цим?»

Troubled, Siddhartha looked to the ground
Стривожений, Сіддхартха подивився на землю
Quietly, he asked, "What do you think should I do?"
Тихо він запитав: "Як ви думаєте, що мені робити?"
Vasudeva spoke, "Bring him into the city"
Васудева сказала: "Приведіть його в місто"
"bring him into his mother's house"
«Приведи його в будинок матері»
"there'll still be servants around, give him to them"
«Навколо ще будуть слуги, віддайте їм його»
"And if there aren't any servants, bring him to a teacher"
«А якщо слуг немає, приведи його до вчителя»
"but don't bring him to a teacher for teachings' sake"
«Але не приводьте його до вчителя заради вчення»
"bring him to a teacher so that he is among other children"
«Приведіть його до вчителя, щоб він був серед інших дітей»
"and bring him to the world which is his own"
"і приведи Його у світ, який є Його власним"
"have you never thought of this?"
- Ти ніколи не думав про це?
"you're seeing into my heart," Siddhartha spoke sadly
— Ти бачиш у моє серце, — сумно промовив Сіддхартха
"Often, I have thought of this"
"Часто я думав про це"
"but how can I put him into this world?"
- Але як я можу ввести його в цей світ?
"Won't he become exuberant?"
"Хіба він не стане буйним?"
"won't he lose himself to pleasure and power?"
"Чи не втратить він себе заради задоволення та сили?"
"won't he repeat all of his father's mistakes?"
"Чи не повторить він усіх помилок свого батька?"
"won't he perhaps get entirely lost in Sansara?"
- Хіба він, можливо, зовсім не загубиться в Сансарі?
Brightly, the ferryman's smile lit up
Яскраво засвітилася посмішка паромщика

softly, he touched Siddhartha's arm
м'яко він торкнувся руки Сіддхартхи
"Ask the river about it, my friend!"
"Запитай про це річку, друже!"
"Hear the river laugh about it!"
«Чуєш, як сміється річка!»
"Would you actually believe that you had committed your foolish acts?
"Чи справді ви повірите, що вчинили свої дурні вчинки?
"in order to spare your son from committing them too"
«Щоб позбавити вашого сина від їх вчинення»
"And could you in any way protect your son from Sansara?"
- І чи могли б ви якимось чином захистити свого сина від Сансари?
"How could you protect him from Sansara?"
- Як ти міг захистити його від Сансари?
"By means of teachings, prayer, admonition?"
"За допомогою вчень, молитви, напучування?"
"My dear, have you entirely forgotten that story?"
- Любий мій, ти зовсім забув цю історію?
"the story containing so many lessons"
"Історія, що містить так багато уроків"
"the story about Siddhartha, a Brahman's son"
«Історія про Сіддхартху, сина брахмана»
"the story which you once told me here on this very spot?"
— Історію, яку ви колись розповіли мені тут, саме на цьому місці?
"Who has kept the Samana Siddhartha safe from Sansara?"
"Хто захистив Саману Сіддхартху від Сансари?"
"who has kept him from sin, greed, and foolishness?"
"Хто втримав його від гріха, жадібності та глупоти?"
"Were his father's religious devotion able to keep him safe?
"Чи змогла релігійна відданість батька захистити його?
"were his teacher's warnings able to keep him safe?"
"Чи могли попередження вчителя захистити його?"
"could his own knowledge keep him safe?"
"Чи можуть його власні знання захистити його?"

"was his own search able to keep him safe?"
"Чи зміг його власний пошук убезпечити його?"
"What father has been able to protect his son?"
"Який батько зміг захистити свого сина?"
"what father could keep his son from living his life for himself?"
"Який батько міг утримати сина від того, щоб він прожив своє життя для себе?"
"what teacher has been able to protect his student?"
"Який учитель зміг захистити свого учня?"
"what teacher can stop his student from soiling himself with life?"
"Який учитель може перешкодити своєму учневі забруднити себе життям?"
"who could stop him from burdening himself with guilt?"
"Хто міг перешкодити йому обтяжувати себе почуттям провини?"
"who could stop him from drinking the bitter drink for himself?"
"Хто міг перешкодити йому випити гіркий напій для себе?"
"who could stop him from finding his path for himself?"
"Хто міг перешкодити йому знайти свій шлях для себе?"
"did you think anybody could be spared from taking this path?"
"Ви думали, що когось можна врятувати від того, щоб піти цим шляхом?"
"did you think that perhaps your little son would be spared?"
"Ти думав, що, можливо, твого маленького сина врятують?"
"did you think your love could do all that?"
"Ти думав, що твоя любов може все це зробити?"
"did you think your love could keep him from suffering"
"Ти думав, що твоя любов може утримати його від страждань"
"did you think your love could protect him from pain and

disappointment?
"Ти думав, що твоя любов може захистити його від болю та розчарування?
"you could die ten times for him"
"Ти міг би померти десять разів за нього"
"but you could take no part of his destiny upon yourself"
"Але ви не могли взяти на себе жодної частини Його долі"
Never before, Vasudeva had spoken so many words
Ніколи раніше Васудева не вимовляла стільки слів
Kindly, Siddhartha thanked him
Люб'язно, Сіддхартха подякував йому
he went troubled into the hut
Він занепокоєний пішов у хатину

he could not sleep for a long time
Він довго не міг заснути
Vasudeva had told him nothing he had not already thought and known
Васудева не сказала йому нічого, про що він ще не думав і не знав
But this was a knowledge he could not act upon
Але це було знання, на яке він не міг діяти
stronger than knowledge was his love for the boy
Сильнішою за знання була його любов до хлопчика
stronger than knowledge was his tenderness
Сильнішою за знання була його ніжність
stronger than knowledge was his fear to lose him
Сильнішим за знання був його страх втратити його
had he ever lost his heart so much to something?
Хіба він коли-небудь так сильно втрачав серце через щось?
had he ever loved any person so blindly?
Чи любив він коли-небудь когось так сліпо?
had he ever suffered for someone so unsuccessfully?
Чи страждав він коли-небудь за когось так безуспішно?
had he ever made such sacrifices for anyone and yet been so unhappy?
Чи приносив він коли-небудь такі жертви заради когось і

все ж був таким нещасним?
Siddhartha could not heed his friend's advice
Сіддхартха не міг прислухатися до поради свого друга
he could not give up the boy
Він не міг відмовитися від хлопчика
He let the boy give him orders
Він дозволив хлопчикові віддати йому накази
he let him disregard him
Він дозволив йому знехтувати ним
He said nothing and waited
Він нічого не сказав і чекав
daily, he attempted the struggle of friendliness
Щодня він робив спроби боротьби дружелюбності
he initiated the silent war of patience
Він ініціював мовчазну війну терпіння
Vasudeva also said nothing and waited
Васудева теж нічого не сказала і чекала
They were both masters of patience
Вони обидва були майстрами терпіння

one time the boy's face reminded him very much of Kamala
одного разу обличчя хлопчика дуже нагадало йому Камалу
Siddhartha suddenly had to think of something Kamala had once said
Сіддхартха раптом довелося подумати про те, що одного разу сказала Камала
"You cannot love" she had said to him
"Ти не можеш любити", — сказала вона йому
and he had agreed with her
і він погодився з нею
and he had compared himself with a star
І він порівнював себе із зіркою
and he had compared the childlike people with falling leaves
і він порівняв дітей, схожих на людей, з падаючим листям
but nevertheless, he had also sensed an accusation in that

line
Але, тим не менш, він також відчув звинувачення в цьому рядку
Indeed, he had never been able to love
Дійсно, він ніколи не вмів любити
he had never been able to devote himself completely to another person
Він ніколи не міг повністю присвятити себе іншій людині
he had never been able to to forget himself
Він ніколи не міг забути себе
he had never been able to commit foolish acts for the love of another person
Він ніколи не міг робити дурних вчинків заради любові до іншої людини
at that time it seemed to set him apart from the childlike people
У той час це ніби відрізняло його від дітей, подібних до людей
But ever since his son was here, Siddhartha also become a childlike person
Але з тих пір, як його син був тут, Сіддхартха також став дитячою людиною
he was suffering for the sake of another person
Він страждав заради іншої людини
he was loving another person
Він любив іншу людину
he was lost to a love for someone else
Він був втрачений через любов до когось іншого
he had become a fool on account of love
Він став дурнем через любов
Now he too felt the strongest and strangest of all passions
Тепер він теж відчував найсильнішу і найдивнішу з усіх пристрастей
he suffered from this passion miserably
Він з тріском страждав від цієї пристрасті
and he was nevertheless in bliss
І він, тим не менш, був у блаженстві

he was nevertheless renewed in one respect
Проте він був оновлений в одному відношенні
he was enriched by this one thing
Він збагатився цим одним
He sensed very well that this blind love for his son was a passion
Він дуже добре відчував, що ця сліпа любов до сина була пристрастю
he knew that it was something very human
Він знав, що це щось дуже людське
he knew that it was Sansara
він знав, що це Сансара
he knew that it was a murky source, dark waters
Він знав, що це каламутне джерело, темні води
but he felt it was not worthless, but necessary
Але він відчував, що це не марно, а необхідно
it came from the essence of his own being
воно виходило з сутності його власного буття
This pleasure also had to be atoned for
Це задоволення також потрібно було спокутувати
this pain also had to be endured
Цей біль теж довелося пережити
these foolish acts also had to be committed
Ці безглузді вчинки також повинні були бути здійснені
Through all this, the son let him commit his foolish acts
Через все це син дозволив йому зробити свої дурні вчинки
he let him court for his affection
Він дозволив йому залицятися за свою прихильність
he let him humiliate himself every day by
Він дозволяв йому принижувати себе щодня
he have in to the moods of his son
Він має в настроях свого сина
his father had nothing which could have delighted him
У батька не було нічого, що могло б його порадувати
and he nothing that the boy feared
І він нічого такого, чого боявся хлопчик
He was a good man, this father

Він був хорошою людиною, цей батько
he was a good, kind, soft man
Він був хорошим, добрим, м'яким чоловіком
perhaps he was a very devout man
Можливо, він був дуже побожною людиною
perhaps he was a saint, the boy thought
Можливо, він святий, подумав хлопчик
but all these attributes could not win the boy over
Але всі ці атрибути не змогли завоювати хлопчика
He was bored by this father, who kept him imprisoned
Йому нудьгував цей батько, який тримав його у в'язниці
a prisoner in this miserable hut of his
в'язень у цій його жалюгідній хаті
he was bored of him answering every naughtiness with a smile
Йому було нудно, коли він відповідав посмішкою на кожну пустоту
he didn't appreciate insults being responded to by friendliness
Він не цінував образ, на які відповідала дружелюбність
he didn't like viciousness returned in kindness
Йому не подобалася порочність, повернута добротою
this very thing was the hated trick of this old sneak
Саме це було ненависним трюком цього старого підлабузника
Much more the boy would have liked it if he had been threatened by him
Набагато більше хлопчикові сподобалося б, якби йому погрожували
he wanted to be abused by him
Він хотів, щоб він ображав його

A day came when young Siddhartha had had enough
Настав день, коли юному Сіддхартхі набридло
what was on his mind came bursting forth
Те, що було в нього на думці, вибухнуло
and he openly turned against his father

І він відкрито повстав проти батька
Siddhartha had given him a task
Сіддхартха дав йому завдання
he had told him to gather brushwood
Він сказав йому збирати хмиз
But the boy did not leave the hut
Але хлопчик не вийшов з хатини
in stubborn disobedience and rage, he stayed where he was
У впертому непослуху і люті він залишився там, де був
he thumped on the ground with his feet
Він кинувся ногами об землю
he clenched his fists and screamed in a powerful outburst
Він стиснув кулаки і закричав у потужному пориві
he screamed his hatred and contempt into his father's face
Він вигукнув свою ненависть і презирство в обличчя батька
"Get the brushwood for yourself!" he shouted, foaming at the mouth
«Придбайте хмиз собі!» — кричав він, пінячись у роті
"I'm not your servant"
"Я не твій слуга"
"I know that you won't hit me, you wouldn't dare"
«Я знаю, що ти мене не вдариш, ти не наважишся»
"I know that you constantly want to punish me"
«Я знаю, що ти постійно хочеш мене покарати»
"you want to put me down with your religious devotion and your indulgence"
"Ти хочеш придушити мене своєю релігійною відданістю і своєю поблажливістю"
"You want me to become like you"
"Ти хочеш, щоб я став схожим на тебе"
"you want me to be just as devout, soft, and wise as you"
"Ти хочеш, щоб я був таким же побожним, м'яким і мудрим, як ти"
"but I won't do it, just to make you suffer"
«Але я не буду цього робити, тільки для того, щоб змусити тебе страждати»
"I would rather become a highway-robber than be as soft as

you"
«Я волів би стати грабіжником шосе, ніж бути таким же м'яким, як ти»

"I would rather be a murderer than be as wise as you"
"Я волів би бути вбивцею, ніж бути таким же мудрим, як ти"

"I would rather go to hell, than to become like you!"
«Я волів би піти в пекло, ніж стати таким, як ти!»

"I hate you, you're not my father
"Я ненавиджу тебе, ти не мій батько

"even if you've slept with my mother ten times, you are not my father!"
«Навіть якщо ти спав з моєю матір'ю десять разів, ти не мій батько!»

Rage and grief boiled over in him
У ньому закипіла лють і горе

he foamed at his father in a hundred savage and evil words
Він пінився на батька сотнею диких і злих слів

Then the boy ran away into the forest
Тоді хлопчик втік у ліс

it was late at night when the boy returned
Було пізно ввечері, коли хлопчик повернувся

But the next morning, he had disappeared
Але наступного ранку він зник

What had also disappeared was a small basket
Те, що також зникло, було маленьким кошиком

the basket in which the ferrymen kept those copper and silver coins
кошик, в якому перевізники зберігали ті мідні та срібні монети

the coins which they received as a fare
монети, які вони отримували як проїзд

The boat had also disappeared
Човен також зник

Siddhartha saw the boat lying by the opposite bank
Сіддхартха побачив човен, що лежав на протилежному березі

Siddhartha had been shivering with grief
Сіддхартха тремтів від горя
the ranting speeches the boy had made touched him
Просторікуючі промови, які виголошував хлопчик, зворушили його
"I must follow him," said Siddhartha
"Я повинен піти за ним", - сказав Сіддхартха
"A child can't go through the forest all alone, he'll perish"
«Дитина не може йти лісом сама, вона загине»
"We must build a raft, Vasudeva, to get over the water"
«Ми повинні побудувати пліт, Васудева, щоб перебратися над водою»
"We will build a raft" said Vasudeva
"Ми побудуємо пліт", - сказала Васудева
"we will build it to get our boat back"
"Ми побудуємо його, щоб повернути наш човен"
"But you shall not run after your child, my friend"
«Але не бігай за дитиною своєю, друже мій»
"he is no child any more"
"Він більше не дитина"
"he knows how to get around"
«Він вміє обходити»
"He's looking for the path to the city"
«Він шукає шлях до міста»
"and he is right, don't forget that"
"І він правий, не забувайте про це"
"he's doing what you've failed to do yourself"
«Він робить те, що ти не зміг зробити сам»
"he's taking care of himself"
"Він піклується про себе"
"he's taking his course for himself"
"Він бере свій курс для себе"
"Alas, Siddhartha, I see you suffering"
"На жаль, Сіддхартха, я бачу, як ти страждаєш"
"but you're suffering a pain at which one would like to laugh"
"Але ти страждаєш від болю, над яким хотілося б

сміятися"
"you're suffering a pain at which you'll soon laugh yourself"
"Ти страждаєш від болю, над яким скоро будеш сміятися сам"
Siddhartha did not answer his friend
Сіддхартха не відповів своєму другові
He already held the axe in his hands
Він уже тримав сокиру в руках
and he began to make a raft of bamboo
І він почав робити пліт з бамбука
Vasudeva helped him to tie the canes together with ropes of grass
Васудева допомогла йому зв'язати тростини мотузками з трави
When they crossed the river they drifted far off their course
Коли вони перетнули річку, вони далеко відійшли від свого курсу
they pulled the raft upriver on the opposite bank
Вони витягли пліт вгору по річці на протилежному березі
"Why did you take the axe along?" asked Siddhartha
«Чому ти взяв сокиру з собою?» — запитав Сіддхартха
"It might have been possible that the oar of our boat got lost"
"Можливо, весло нашого човна загубилося"
But Siddhartha knew what his friend was thinking
Але Сіддхартха знав, про що думає його друг
He thought, the boy would have thrown away the oar
Він думав, хлопчик викине весло
in order to get some kind of revenge
для того, щоб помститися
and in order to keep them from following him
і для того, щоб вони не йшли за Ним
And in fact, there was no oar left in the boat
І насправді весла в човні не залишилося
Vasudeva pointed to the bottom of the boat
Васудева вказала на дно човна
and he looked at his friend with a smile
І він подивився на свого друга з посмішкою

he smiled as if he wanted to say something
Він посміхнувся, ніби хотів щось сказати
"Don't you see what your son is trying to tell you?"
- Хіба ти не бачиш, що намагається тобі сказати син?
"Don't you see that he doesn't want to be followed?"
- Хіба ти не бачиш, що він не хоче, щоб за ним стежили?
"But he did not say this in words"
«Але він не сказав цього словами»
"He started making a new oar"
«Він почав робити нове весло»
"But Siddhartha bid his farewell, to look for the run-away"
«Але Сіддхартха попрощався, щоб шукати втікача»
"Vasudeva did not stop him from looking for his child"
«Васудева не завадила йому шукати свою дитину»

Siddhartha had been walking through the forest for a long time
Сіддхартха довго гуляв лісом
the thought occurred to him that his search was useless
Йому прийшла в голову думка, що його пошуки марні
Either the boy was far ahead and had already reached the city
Або хлопчик був далеко попереду і вже дістався до міста
or he would conceal himself from him
або він би сховався від нього
he continued thinking about his son
Він продовжував думати про свого сина
he found that he was not worried for his son
Він виявив, що не хвилюється за свого сина
he knew deep inside that he had not perished
Він знав глибоко всередині, що не загинув
nor was he in any danger in the forest
і йому не загрожувала небезпека в лісі
Nevertheless, he ran without stopping
Проте біг він без зупинки
he was not running to save him
Він не біг, щоб врятувати його

he was running to satisfy his desire
Він біг, щоб задовольнити своє бажання
he wanted to perhaps see him one more time
Він хотів, можливо, побачити його ще раз
And he ran up to just outside of the city
І він підбіг до самого міста
When, near the city, he reached a wide road
Коли недалеко від міста він дійшов до широкої дороги
he stopped, by the entrance of the beautiful pleasure-garden
Він зупинився біля входу в прекрасний прогулянковий сад
the garden which used to belong to Kamala
сад, який раніше належав Камалі
the garden where he had seen her for the first time
сад, де він побачив її вперше
when she was sitting in her sedan-chair
коли вона сиділа у своєму кріслі седана
The past rose up in his soul
Минуле піднялося в його душі
again, he saw himself standing there
Він знову побачив, що стоїть там
a young, bearded, naked Samana
молода, бородата, гола Самана
his hair hair was full of dust
Його волосся було повне пилу
For a long time, Siddhartha stood there
Довгий час Сіддхартха стояв там
he looked through the open gate into the garden
Він заглянув крізь відчинені ворота в сад
he saw monks in yellow robes walking among the beautiful trees
Він побачив ченців у жовтих шатах, які йшли серед прекрасних дерев
For a long time, he stood there, pondering
Довгий час він стояв там, розмірковуючи
he saw images and listened to the story of his life
Він бачив образи і слухав історію свого життя
For a long time, he stood there looking at the monks

Довгий час він стояв там, дивлячись на ченців
he saw young Siddhartha in their place
він побачив на їхньому місці молодого Сіддхартху
he saw young Kamala walking among the high trees
він побачив юну Камалу, яка йшла серед високих дерев
Clearly, he saw himself being served food and drink by Kamala
Очевидно, він бачив, як Камала подає йому їжу та напої
he saw himself receiving his first kiss from her
Він побачив, що отримує від неї свій перший поцілунок
he saw himself looking proudly and disdainfully back on his life as a Brahman
він бачив, як гордо і зневажливо дивиться назад на своє життя брахмана
he saw himself beginning his worldly life, proudly and full of desire
Він бачив, як починає своє мирське життя, гордий і сповнений бажань
He saw Kamaswami, the servants, the orgies
Він бачив Камасвамі, слуг, оргії
he saw the gamblers with the dice
Він побачив азартних гравців з кістками
he saw Kamala's song-bird in the cage
він побачив співочу пташку Камали в клітці
he lived through all this again
Він пережив все це знову
he breathed Sansara and was once again old and tired
він зітхнув Сансарою і знову став старим і втомленим
he felt the disgust and the wish to annihilate himself again
Він відчував огиду і бажання знову знищити себе
and he was healed again by the holy Om
і він знову був зцілений святим Ом
for a long time Siddhartha had stood by the gate
довгий час Сіддхартха стояв біля воріт
he realised his desire was foolish
Він зрозумів, що його бажання було дурним
he realized it was foolishness which had made him go up to

this place
Він зрозумів, що це була дурість, яка змусила його піднятися на це місце
he realized he could not help his son
Він зрозумів, що не може допомогти своєму синові
and he realized that he was not allowed to cling to him
І він зрозумів, що йому не дано чіплятися за нього
he felt the love for the run-away deeply in his heart
Він глибоко відчував любов до втікача у своєму серці
the love for his son felt like a wound
Любов до сина відчувалася як рана
but this wound had not been given to him in order to turn the knife in it
Але ця рана була дана йому не для того, щоб повернути в ній ніж
the wound had to become a blossom
Рана повинна була стати квіткою
and his wound had to shine
і рана його повинна була сяяти
That this wound did not blossom or shine yet made him sad
Те, що ця рана ще не розцвіла і не блищала, засмутило його
Instead of the desired goal, there was emptiness
Замість бажаної мети була порожнеча
emptiness had drawn him here, and sadly he sat down
Порожнеча притягнула його сюди, і, на жаль, він сів
he felt something dying in his heart
Він відчував, як щось вмирає в його серці
he experienced emptiness and saw no joy any more
Він відчував порожнечу і більше не бачив радості
there was no goal for which to aim for
Не було мети, до якої можна було б прагнути
He sat lost in thought and waited
Він сидів, загублений у думках, і чекав
This he had learned by the river
Про це він дізнався біля річки
waiting, having patience, listening attentively

чекати, набратися терпіння, уважно слухати
And he sat and listened, in the dust of the road
І він сидів і слухав, у пороху дороги
he listened to his heart, beating tiredly and sadly
Він слухав своє серце, б'ючись втомлено і сумно
and he waited for a voice
І він чекав голосу
Many an hour he crouched, listening
Багато годин він присідав, прислухаючись
he saw no images any more
Він більше не бачив зображень
he fell into emptiness and let himself fall
Він впав у порожнечу і дозволив собі впасти
he could see no path in front of him
Він не бачив стежки перед собою
And when he felt the wound burning, he silently spoke the Om
І коли він відчув, що рана горить, він мовчки промовив Ом
he filled himself with Om
він наповнився Ом
The monks in the garden saw him
Ченці в саду побачили його
dust was gathering on his gray hair
На його сивому волоссі збирався пил
since he crouched for many hours, one of monks placed two bananas in front of him
Оскільки він присів багато годин, один з ченців поставив перед ним два банани
The old man did not see him
Старий його не бачив

From this petrified state, he was awoken by a hand touching his shoulder
Від цього скам'янілого стану його розбудила рука, що торкнулася його плеча
Instantly, he recognised this tender bashful touch
Миттєво він упізнав цей ніжний сором'язливий дотик

Vasudeva had followed him and waited
Васудева пішла за ним і чекала
he regained his senses and rose to greet Vasudeva
він прийшов до тями і піднявся, щоб привітати Васудеву
he looked into Vasudeva's friendly face
він подивився в доброзичливе обличчя Васудева
he looked into the small wrinkles
Він заглянув у дрібні зморшки
his wrinkles were as if they were filled with nothing but his smile
Його зморшки були такі, ніби вони були наповнені нічим, крім його посмішки
he looked into the happy eyes, and then he smiled too
Він подивився в щасливі очі, а потім теж посміхнувся
Now he saw the bananas lying in front of him
Тепер він побачив банани, що лежали перед ним
he picked the bananas up and gave one to the ferryman
Він підняв банани і віддав один перевізнику
After eating the bananas, they silently went back into the forest
З'ївши банани, вони мовчки пішли назад у ліс
they returned home to the ferry
Вони повернулися додому на поромі
Neither one talked about what had happened that day
Ніхто не говорив про те, що сталося того дня
neither one mentioned the boy's name
Ніхто не згадав ім'я хлопчика
neither one spoke about him running away
Ніхто не говорив про те, що він втік
neither one spoke about the wound
Ніхто не говорив про рану
In the hut, Siddhartha lay down on his bed
У хатині Сіддхартха ліг на ліжко
after a while Vasudeva came to him
через деякий час до нього прийшла Васудева
but he was already asleep
Але він уже спав

Om
Ом

For a long time the wound continued to burn
Довгий час рана продовжувала горіти
Siddhartha had to ferry many travellers across the river
Сіддхартха довелося переправляти через річку багатьох мандрівників
many of the travellers were accompanied by a son or a daughter
Багатьох мандрівників супроводжували син або дочка
and he saw none of them without envying them
І він не бачив нікого з них, не заздрячи їм
he couldn't see them without thinking about his lost son
Він не міг бачити їх, не думаючи про свого втраченого сина
"So many thousands possess the sweetest of good fortunes"
"Так багато тисяч володіють найсолодшою з удач"
"why don't I also possess this good fortune?"
"Чому я також не маю цієї удачі?"
"even thieves and robbers have children and love them"
«Навіть злодії і грабіжники мають дітей і люблять їх»
"and they are being loved by their children"
"І їх люблять їхні діти"
"all are loved by their children except for me"
"Усіх люблять їхні діти, крім мене"
he now thought like the childlike people, without reason
Тепер він думав, як по-дитячому народ, без підстав
he had become one of the childlike people
Він став одним з дітей, схожих на дітей
he looked upon people differently than before
Він дивився на людей інакше, ніж раніше
he was less smart and less proud of himself
Він був менш розумним і менше пишався собою
but instead, he was warmer and more curious
Але замість цього він був теплішим і цікавішим
when he ferried travellers, he was more involved than before

Коли він переправляв мандрівників, він брав більше участі, ніж раніше
childlike people, businessmen, warriors, women
Дитячі люди, бізнесмени, воїни, жінки
these people did not seem alien to him, as they used to
Ці люди не здавалися йому чужими, як звикли
he understood them and shared their life
Він розумів їх і ділився їхнім життям
a life which was not guided by thoughts and insight
життя, яке не керувалося думками і проникливістю
but a life guided solely by urges and wishes
але життя, керована виключно спонуканнями і побажаннями
he felt like the the childlike people
Він відчував себе дитячим народом
he was bearing his final wound
Він ніс свою останню рану
he was nearing perfection
Він наближався до досконалості
but the childlike people still seemed like his brothers
Але по-дитячому люди все одно здавалися його братами
their vanities, desires for possession were no longer ridiculous to him
Їх марнота, бажання володіння вже не були для нього смішними
they became understandable and lovable
Вони стали зрозумілими і привабливими
they even became worthy of veneration to him
Вони навіть стали гідними його шанування
The blind love of a mother for her child
Сліпа любов матері до своєї дитини
the stupid, blind pride of a conceited father for his only son
дурна, сліпа гордість зарозумілого батька за єдиного сина
the blind, wild desire of a young, vain woman for jewellery
Сліпе, дике бажання молодої, марнославної жінки до прикрас
her wish for admiring glances from men

її бажання захоплених поглядів чоловіків
all of these simple urges were not childish notions
Всі ці прості спонукання не були дитячими поняттями
but they were immensely strong, living, and prevailing urges
але вони були надзвичайно сильними, живими і переважаючими спонуканнями
he saw people living for the sake of their urges
Він бачив людей, що живуть заради своїх спонукань
he saw people achieving rare things for their urges
Він бачив, як люди досягають рідкісних речей для своїх спонукань
travelling, conducting wars, suffering
подорожі, ведення воєн, страждання
they bore an infinite amount of suffering
Вони несли нескінченну кількість страждань
and he could love them for it, because he saw life
І він міг любити їх за це, тому що бачив життя
that what is alive was in each of their passions
що те, що живе, було в кожній їхній пристрасті
that what is is indestructible was in their urges, the Brahman
що те, що є незнищенним, було в їхніх спонуканнях, Брахман
these people were worthy of love and admiration
Ці люди були гідні любові і захоплення
they deserved it for their blind loyalty and blind strength
Вони заслужили це за свою сліпу вірність і сліпу силу
there was nothing that they lacked
Не було нічого, чого їм не вистачало
Siddhartha had nothing which would put him above the rest, except one thing
Сіддхартха не мав нічого, що могло б поставити його вище за інших, крім одного
there still was a small thing he had which they didn't
У нього все ще була маленька річ, якої вони не мали
he had the conscious thought of the oneness of all life
У нього була свідома думка про єдність усього життя

but Siddhartha even doubted whether this knowledge should be valued so highly
але Сіддхартха навіть сумнівався, чи варто цінувати ці знання так високо

it might also be a childish idea of the thinking people
Це також може бути дитячою ідеєю мислячих людей

the worldly people were of equal rank to the wise men
Світські люди були рівними за рангом мудрецям

animals too can in some moments seem to be superior to humans
Тварини теж можуть в деякі моменти здаватися перевершують людей

they are superior in their tough, unrelenting performance of what is necessary
Вони перевершують у своєму жорсткому, невблаганному виконанні необхідного

an idea slowly blossomed in Siddhartha
ідея повільно розквітла в Сіддхартхі

and the idea slowly ripened in him
І ідея потихеньку визрівала в ньому

he began to see what wisdom actually was
Він почав бачити, що таке мудрість насправді

he saw what the goal of his long search was
Він бачив, яка мета його довгих пошуків

his search was nothing but a readiness of the soul
Його пошуки були нічим іншим, як готовністю душі

a secret art to think every moment, while living his life
Таємне мистецтво думати кожну мить, проживаючи при цьому своє життя

it was the thought of oneness
Це була думка про єдність

to be able to feel and inhale the oneness
вміти відчувати і вдихати єдність

Slowly this awareness blossomed in him
Поволі це усвідомлення розквітло в ньому

it was shining back at him from Vasudeva's old, childlike face

воно сяяло йому зі старого, дитячого обличчя Васудева
harmony and knowledge of the eternal perfection of the world
гармонія і пізнання вічної досконалості світу
smiling and to be part of the oneness
посміхатися і бути частиною єдності
But the wound still burned
Але рана все одно обпеклася
longingly and bitterly Siddhartha thought of his son
з тугою і гіркотою Сіддхартха думав про свого сина
he nurtured his love and tenderness in his heart
Він плекав свою любов і ніжність у своєму серці
he allowed the pain to gnaw at him
Він дозволив болю гризти його
he committed all foolish acts of love
Він здійснював усі безглузді вчинки любові
this flame would not go out by itself
Це полум'я не згасне саме по собі

one day the wound burned violently
Одного разу рана сильно обпеклася
driven by a yearning Siddhartha crossed the river
Спонукуваний тугою Сіддхартха перетнув річку
he got off the boat and was willing to go to the city
Він зійшов з човна і був готовий відправитися в місто
he wanted to look for his son again
Він хотів знову шукати сина
The river flowed softly and quietly
Річка текла м'яко і тихо
it was the dry season, but its voice sounded strange
Це був сухий сезон, але його голос звучав дивно
it was clear to hear that the river laughed
Було видно, що річка засміялася
it laughed brightly and clearly at the old ferryman
Він яскраво і ясно сміявся над старим паромщиком
he bent over the water, in order to hear even better
Він нахилився над водою, щоб чути ще краще

and he saw his face reflected in the quietly moving waters
і він побачив своє обличчя, що відбивалося в тихо рухомих водах
in this reflected face there was something
У цьому відбитому обличчі було щось
something which reminded him, but he had forgotten
щось, що нагадувало йому, але він забув
as he thought about it, he found it
Коли він думав про це, він знайшов це
this face resembled another face which he used to know and love
Це обличчя нагадувало інше обличчя, яке він знав і любив
but he also used to fear this face
Але він також боявся цього обличчя
It resembled his father's face, the Brahman
Воно нагадувало обличчя його батька, брахмана
he remembered how he had forced his father to let him go
Він згадав, як змусив батька відпустити його
he remembered how he had bid his farewell to him
Він згадав, як попрощався з ним
he remembered how he had gone and had never come back
Він пам'ятав, як пішов і більше ніколи не повернувся
Had his father not also suffered the same pain for him?
Хіба його батько також не зазнав такого ж болю за нього?
was his father's pain not the pain Siddhartha is suffering now?
Хіба біль батька не був болем, від якого зараз страждає Сіддхартха?
Had his father not long since died?
Невже невдовзі помер його батько?
had he died without having seen his son again?
Хіба він помер, так і не побачивши знову свого сина?
Did he not have to expect the same fate for himself?
Хіба йому не доводилося чекати такої ж долі для себе?
Was it not a comedy in a fateful circle?
Чи не була це комедія в доленосному колі?
The river laughed about all of this

Річка сміялася з усього цього
everything came back which had not been suffered
Повернулося все, що не постраждало
everything came back which had not been solved
Повернулося все, що не було вирішено
the same pain was suffered over and over again
Один і той же біль страждав знову і знову
Siddhartha went back into the boat
Сіддхартха повернувся в човен
and he returned back to the hut
і повернувся назад до хатини
he was thinking of his father and of his son
Він думав про свого батька і про свого сина
he thought of having been laughed at by the river
Він подумав, що над ним сміялися біля річки
he was at odds with himself and tending towards despair
Він ворогував із собою і прагнув до відчаю
but he was also tempted to laugh
Але у нього також була спокуса сміятися
he could laugh at himself and the entire world
Він міг сміятися над собою і над усім світом
Alas, the wound was not blossoming yet
На жаль, рана ще не розцвіла
his heart was still fighting his fate
Його серце все ще боролося з його долею
cheerfulness and victory were not yet shining from his suffering
Бадьорість і перемога ще не світили від його страждань
Nevertheless, he felt hope along with the despair
Проте він відчував надію разом з відчаєм
once he returned to the hut he felt an undefeatable desire to open up to Vasudeva
повернувшись до хатини, він відчув непереможне бажання відкритися Васудеві
he wanted to show him everything
Він хотів показати йому все
he wanted to say everything to the master of listening

Він хотів сказати все майстру слухання

Vasudeva was sitting in the hut, weaving a basket
Васудева сиділа в хаті, плела кошик
He no longer used the ferry-boat
Він більше не користувався поромом-човном
his eyes were starting to get weak
Його очі починали слабшати
his arms and hands were getting weak as well
Його руки і руки також слабшали
only the joy and cheerful benevolence of his face was unchanging
Незмінною була тільки радість і весела доброзичливість його обличчя
Siddhartha sat down next to the old man
Сіддхартха сів поруч зі старим
slowly, he started talking about what they had never spoke about
Повільно він почав говорити про те, про що вони ніколи не говорили
he told him of his walk to the city
Він розповів йому про свою прогулянку до міста
he told at him of the burning wound
Він розповів йому про палаючу рану
he told him about the envy of seeing happy fathers
Він розповів йому про заздрість бачити щасливих батьків
his knowledge of the foolishness of such wishes
Його знання про безглуздість таких бажань
his futile fight against his wishes
його марна боротьба проти його бажань
he was able to say everything, even the most embarrassing parts
Він вмів сказати все, навіть найнезручніші частини
he told him everything he could tell him
Він розповів йому все, що міг йому сказати
he showed him everything he could show him
Він показав йому все, що міг йому показати

He presented his wound to him
Він представив йому свою рану
he also told him how he had fled today
Він також розповів йому, як сьогодні втік
he told him how he ferried across the water
Він розповів йому, як переправлявся по воді
a childish run-away, willing to walk to the city
Дитяча втеча, готова дійти пішки до міста
and he told him how the river had laughed
І він розповів йому, як річка сміялася
he spoke for a long time
Він говорив довго
Vasudeva was listening with a quiet face
Васудева слухала з тихим обличчям
Vasudeva's listening gave Siddhartha a stronger sensation than ever before
Прослуховування Васудева дало Сіддхартхі сильніше, ніж будь-коли раніше
he sensed how his pain and fears flowed over to him
Він відчув, як його біль і страхи перетекли до нього
he sensed how his secret hope flowed over him
Він відчув, як його таємна надія текла над ним
To show his wound to this listener was the same as bathing it in the river
Показати свою рану цьому слухачеві було все одно, що викупати його в річці
the river would have cooled Siddhartha's wound
річка охолодила б рану Сіддхартхи
the quiet listening cooled Siddhartha's wound
тихе прослуховування охолодило рану Сіддхартхи;
it cooled him until he become one with the river
Це охолоджувало його, поки він не став єдиним цілим з річкою
While he was still speaking, still admitting and confessing
Поки він ще говорив, все ще зізнавався і зізнавався
Siddhartha felt more and more that this was no longer Vasudeva

Сіддхартха все більше відчував, що це вже не Васудева
it was no longer a human being who was listening to him
Його слухала вже не людина
this motionless listener was absorbing his confession into himself
Цей нерухомий слухач вбирав у себе свою сповідь
this motionless listener was like a tree the rain
Цей нерухомий слухач був схожий на дерево дощу
this motionless man was the river itself
Цією нерухомою людиною була сама річка
this motionless man was God himself
ця нерухома людина була самим Богом
the motionless man was the eternal itself
Нерухома людина була самою вічною
Siddhartha stopped thinking of himself and his wound
Сіддхартха перестав думати про себе і свою рану
this realisation of Vasudeva's changed character took possession of him
це усвідомлення зміненого характеру Васудева заволоділо ним
and the more he entered into it, the less wondrous it became
і чим більше він входив у неї, тим менш дивовижною вона ставала
the more he realised that everything was in order and natural
Тим більше він усвідомлював, що все в порядку і природно
he realised that Vasudeva had already been like this for a long time
він зрозумів, що Васудева вже давно була такою
he had just not quite recognised it yet
Він просто ще не зовсім усвідомив це
yes, he himself had almost reached the same state
Так, він і сам майже досяг такого ж стану
He felt, that he was now seeing old Vasudeva as the people see the gods
Він відчував, що тепер бачить стару Васудеву такою, якою

люди бачать богів
and he felt that this could not last
І він відчував, що це не може тривати довго
in his heart, he started bidding his farewell to Vasudeva
у своєму серці він почав прощатися з Васудевою
Throughout all this, he talked incessantly
Протягом усього цього він говорив без упину
When he had finished talking, Vasudeva turned his friendly eyes at him
Коли він закінчив говорити, Васудева звернула на нього привітні очі
the eyes which had grown slightly weak
очі, які трохи ослабли,
he said nothing, but let his silent love and cheerfulness shine
Він нічого не сказав, але нехай сяє його мовчазна любов і життєрадісність
his understanding and knowledge shone from him
Його розуміння і знання сяяли від нього
He took Siddhartha's hand and led him to the seat by the bank
Він взяв Сіддхартху за руку і повів його до місця біля банку
he sat down with him and smiled at the river
Він сів з ним і посміхнувся річці
"You've heard it laugh," he said
"Ви чули, як це сміється", — сказав він
"But you haven't heard everything"
«Але ви не все чули»
"Let's listen, you'll hear more"
"Давай послухай, ти почуєш ще"
Softly sounded the river, singing in many voices
Тихо дзвеніла річка, співаючи в багато голосів
Siddhartha looked into the water
Сіддхартха подивився у воду
images appeared to him in the moving water
Образи з'явилися йому в рухомій воді
his father appeared, lonely and mourning for his son

З'явився батько, самотній і оплакує сина
he himself appeared in the moving water
Він сам з'явився в рухомій воді
he was also being tied with the bondage of yearning to his distant son
Його також пов'язували з рабством туги за своїм далеким сином
his son appeared, lonely as well
З'явився його син, теж самотній
the boy, greedily rushing along the burning course of his young wishes
Хлопчик, жадібно мчить по пекучому ходу своїх юних бажань
each one was heading for his goal
Кожен прямував до своєї мети
each one was obsessed by the goal
Кожен був одержимий метою
each one was suffering from the pursuit
Кожен страждав від переслідування
The river sang with a voice of suffering
Річка співала голосом страждання
longingly it sang and flowed towards its goal
З тугою вона співала і текла до своєї мети
"Do you hear?" Vasudeva asked with a mute gaze
"Чуєш?" — спитала Васудева німим поглядом
Siddhartha nodded in reply
Сіддхартха кивнув у відповідь
"Listen better!" Vasudeva whispered
«Слухай краще!» — прошепотіла Васудева
Siddhartha made an effort to listen better
Сіддхартха доклав зусиль, щоб краще слухати
The image of his father appeared
З'явився образ батька
his own image merged with his father's
Його власний образ злився з батьковим
the image of his son merged with his image
Образ сина злився з його образом

Kamala's image also appeared and was dispersed
Образ Камали також з'явився і був розігнаний
and the image of Govinda, and other images
і зображення Говінди, і інші зображення
and all the imaged merged with each other
і всі зображені злилися один з одним
all the imaged turned into the river
Всі зображені перетворилися в річку
being the river, they all headed for the goal
Будучи річкою, всі вони прямували до мети
longing, desiring, suffering flowed together
Туга, бажання, страждання текли разом
and the river's voice sounded full of yearning
і голос річки звучав сповнений туги
the river's voice was full of burning woe
Голос річки був сповнений пекучого горя
the river's voice was full of unsatisfiable desire
Голос річки був сповнений незадовільного бажання
For the goal, the river was heading
До мети прямувала річка
Siddhartha saw the river hurrying towards its goal
Сіддхартха побачив, як річка поспішає до своєї мети
the river of him and his loved ones and of all people he had ever seen
ріка його і його близьких і всіх людей, яких він коли-небудь бачив
all of these waves and waters were hurrying
Всі ці хвилі і води поспішали
they were all suffering towards many goals
Всі вони страждали до багатьох цілей
the waterfall, the lake, the rapids, the sea
Водоспад, озеро, пороги, море
and all goals were reached
і всі цілі були досягнуті
and every goal was followed by a new one
І за кожною метою слідувала нова
and the water turned into vapour and rose to the sky

і вода перетворилася на пару і піднялася до неба
the water turned into rain and poured down from the sky
вода перетворилася на дощ і полилася з неба
the water turned into a source
вода перетворилася в джерело,
then the source turned into a stream
Потім джерело перетворився в струмок
the stream turned into a river
Струмок перетворився на річку
and the river headed forwards again
і річка знову попрямувала вперед
But the longing voice had changed
Але голос туги змінився
It still resounded, full of suffering, searching
Воно все ще звучало, сповнене страждань, пошуків
but other voices joined the river
Але до річки приєдналися й інші голоси
there were voices of joy and of suffering
Почулися голоси радості і страждання
good and bad voices, laughing and sad ones
Хороші і погані голоси, сміються і сумні
a hundred voices, a thousand voices
Сто голосів, тисяча голосів
Siddhartha listened to all these voices
Сіддхартха прислухався до всіх цих голосів
He was now nothing but a listener
Тепер він був не що інше, як слухач
he was completely concentrated on listening
Він був повністю зосереджений на слуханні
he was completely empty now
Тепер він був зовсім порожній
he felt that he had now finished learning to listen
Він відчував, що закінчив вчитися слухати
Often before, he had heard all this
Часто раніше він все це чув
he had heard these many voices in the river
Він чув ці численні голоси в річці

today the voices in the river sounded new
Сьогодні голоси в річці зазвучали по-новому
Already, he could no longer tell the many voices apart
Він уже не міг розрізнити багато голосів
there was no difference between the happy voices and the weeping ones
Не було різниці між щасливими голосами і голосами, що плакали
the voices of children and the voices of men were one
Голоси дітей і голоси людей були єдиними
all these voices belonged together
Всі ці голоси належали разом
the lamentation of yearning and the laughter of the knowledgeable one
плач туги і сміх обізнаного
the scream of rage and the moaning of the dying ones
крик люті і стогін вмираючих
everything was one and everything was intertwined
Все було одне і все переплелося
everything was connected and entangled a thousand times
Все було пов'язано і заплутано тисячу разів
everything together, all voices, all goals
Все разом, всі голоси, всі цілі
all yearning, all suffering, all pleasure
вся туга, всі страждання, всі задоволення
all that was good and evil
Все, що було добром і злом
all of this together was the world
Все це разом було світом
All of it together was the flow of events
Все це разом було потоком подій
all of it was the music of life
Все це була музика життя
when Siddhartha was listening attentively to this river
коли Сіддхартха уважно слухав цю річку
the song of a thousand voices
Пісня тисячі голосів

when he neither listened to the suffering nor the laughter
коли він не слухав ні страждань, ні сміху
when he did not tie his soul to any particular voice
коли він не прив'язав свою душу до якогось конкретного голосу
when he submerged his self into the river
коли він занурився в річку
but when he heard them all he perceived the whole, the oneness
Але коли він почув їх усіх, він побачив ціле, єдність
then the great song of the thousand voices consisted of a single word
Тоді велика пісня тисячі голосів складалася з одного слова
this word was Om; the perfection
це слово було Ом; Досконалість

"Do you hear" Vasudeva's gaze asked again
— Чуєш, — перепитав погляд Васудева
Brightly, Vasudeva's smile was shining
Яскраво сяяла посмішка Васудева
it was floating radiantly over all the wrinkles of his old face
Воно сяюче пливло по всіх зморшках його старого обличчя
the same way the Om was floating in the air over all the voices of the river
так само, як Ом ширяв у повітрі над усіма голосами річки
Brightly his smile was shining, when he looked at his friend
Яскраво сяяла його посмішка, коли він дивився на свого друга
and brightly the same smile was now starting to shine on Siddhartha's face
і така ж усмішка тепер починала сяяти на обличчі Сіддхартхи
His wound had blossomed and his suffering was shining
Його рана розцвіла і страждання сяяли
his self had flown into the oneness
Його «я» влетіло в єдність

In this hour, Siddhartha stopped fighting his fate
У цю годину Сіддхартха перестав боротися зі своєю долею
at the same time he stopped suffering
При цьому він перестав страждати
On his face flourished the cheerfulness of a knowledge
На його обличчі процвітала життєрадісність знання
a knowledge which was no longer opposed by any will
знання, якому більше не протистояла жодна воля
a knowledge which knows perfection
знання, яке знає досконалість
a knowledge which is in agreement with the flow of events
знання, яке узгоджується з потоком подій
a knowledge which is with the current of life
знання, яке пов'язане з потоком життя
full of sympathy for the pain of others
сповнені співчуття до чужого болю
full of sympathy for the pleasure of others
сповнені співчуття до задоволення інших;
devoted to the flow, belonging to the oneness
присвячений потоку, що належить до єдності
Vasudeva rose from the seat by the bank
Васудева піднялася з місця біля банку
he looked into Siddhartha's eyes
він подивився в очі Сіддхартхи
and he saw the cheerfulness of the knowledge shining in his eyes
і він бачив, як веселість знання сяяла в його очах
he softly touched his shoulder with his hand
Він тихенько торкнувся рукою плеча
"I've been waiting for this hour, my dear"
"Я чекав цієї години, мій дорогий"
"Now that it has come, let me leave"
"Тепер, коли воно прийшло, дозвольте мені піти"
"For a long time, I've been waiting for this hour"
«Я довго чекав цієї години»
"for a long time, I've been Vasudeva the ferryman"
"Довгий час я був паромщиком Васудева"

"Now it's enough. Farewell"
"Тепер цього досить. Прощавай"
"farewell river, farewell Siddhartha!"
"Прощавай, річко, прощай, Сіддхартха!"
Siddhartha made a deep bow before him who bid his farewell
Сіддхартха зробив глибокий уклін перед ним, який попрощався
"I've known it," he said quietly
"Я знав це", — тихо сказав він
"You'll go into the forests?"
- Ти підеш у ліси?
"I'm going into the forests"
«Я йду в ліси»
"I'm going into the oneness" spoke Vasudeva with a bright smile
"Я йду в єдність", - сказала Васудева з яскравою посмішкою
With a bright smile, he left
Зі світлою посмішкою він пішов
Siddhartha watched him leaving
Сіддхартха дивився, як він йде
With deep joy, with deep solemnity he watched him leave
З глибокою радістю, з глибокою урочистістю він дивився, як він іде
he saw his steps were full of peace
Він побачив, що його кроки були сповнені спокою
he saw his head was full of lustre
Він побачив, що його голова сповнена блиску
he saw his body was full of light
Він побачив, що його тіло було сповнене світла

Govinda
Говінда

Govinda had been with the monks for a long time
Говінда довгий час був з ченцями

when not on pilgrimages, he spent his time in the pleasure-garden
Коли він не був у паломництві, він проводив час у саду задоволень

the garden which the courtesan Kamala had given the followers of Gotama
сад, який куртизанка Камала подарувала послідовникам Готами

he heard talk of an old ferryman, who lived a day's journey away
Він почув розмову про старого паромщика, який прожив день у дорозі

he heard many regarded him as a wise man
Він чув, що багато хто вважав його мудрою людиною

When Govinda went back, he chose the path to the ferry
Коли Говінда повернувся назад, він вибрав шлях до порома

he was eager to see the ferryman
Йому дуже хотілося побачити паромщика

he had lived his entire life by the rules
Все своє життя він прожив за правилами

he was looked upon with veneration by the younger monks
На нього з пошаною дивилися молодші ченці

they respected his age and modesty
Вони поважали його вік і скромність

but his restlessness had not perished from his heart
але його неспокій не загинув від його серця

he was searching for what he had not found
Він шукав те, чого не знайшов

He came to the river and asked the old man to ferry him over
Він підійшов до річки і попросив старого переправити його

when they got off the boat on the other side, he spoke with the old man
Коли вони вийшли з човна з іншого берега, він заговорив зі старим

"You're very good to us monks and pilgrims"
"Ви дуже добре ставитеся до нас, ченців і паломників"
"you have ferried many of us across the river"
"Ви переправили багатьох з нас через річку"
"Aren't you too, ferryman, a searcher for the right path?"
— Хіба ти теж, перевізник, не шукаєш правильний шлях?
smiling from his old eyes, Siddhartha spoke
посміхаючись зі своїх старих очей, Сіддхартха говорив
"oh venerable one, do you call yourself a searcher?"
- О поважний, ти називаєш себе шукачем?
"are you still a searcher, although already well in years?"
- Ти все ще шукач, хоча вже добре в роки?
"do you search while wearing the robe of Gotama's monks?"
"Ти шукаєш, одягаючи мантію ченців Готами?"
"It's true, I'm old," spoke Govinda
— Це правда, я старий, — промовив Говінда
"but I haven't stopped searching"
"але я не перестав шукати"
"I will never stop searching"
«Я ніколи не перестану шукати»
"this seems to be my destiny"
"Здається, це моя доля"
"You too, so it seems to me, have been searching"
«Ви теж, як мені здається, шукали»
"Would you like to tell me something, oh honourable one?"
"Хочеш мені щось сказати, о почесний?"
"What might I have that I could tell you, oh venerable one?"
"Що я можу мати, що міг би сказати тобі, о поважний?"
"Perhaps I could tell you that you're searching far too much?"
"Можливо, я міг би сказати вам, що ви занадто багато шукаєте?"

"Could I tell you that you don't make time for finding?"

"Чи можу я сказати вам, що ви не знаходите часу на пошуки?"

"How come?" asked Govinda

"Чому?" - запитав Говінда

"When someone is searching they might only see what they search for"

"Коли хтось шукає, він може бачити лише те, що шукає"

"he might not be able to let anything else enter his mind"

"Можливо, він не зможе дозволити чомусь іншому увійти в його розум"

"he doesn't see what he is not searching for"

«Він не бачить того, чого не шукає»

"because he always thinks of nothing but the object of his search"

«тому що він завжди не думає ні про що, крім об'єкта свого пошуку»

"he has a goal, which he is obsessed with"

«У нього є мета, якою він одержимий»

"Searching means having a goal"

"Шукати - значить мати мету"

"But finding means being free, open, and having no goal"

«Але знайти означає бути вільним, відкритим і не мати мети»

"You, oh venerable one, are perhaps indeed a searcher"

"Ти, о поважний, мабуть, справді шукач"

"because, when striving for your goal, there are many things you don't see"

«Тому що, прагнучи до своєї мети, є багато речей, яких ти не бачиш»

"you might not see things which are directly in front of your eyes"

«Ви можете не бачити речей, які знаходяться прямо перед вашими очима»

"I don't quite understand yet," said Govinda, "what do you mean by this?"

— Я ще не зовсім розумію, — сказав Говінда, — що ти

маєш на увазі?

"oh venerable one, you've been at this river before, a long time ago"

"О преподобний, ти був на цій річці раніше, давним-давно"

"and you have found a sleeping man by the river"

«І ти знайшов сплячого біля річки»

"you have sat down with him to guard his sleep"

"Ти сів з ним, щоб охороняти його сон"

"but, oh Govinda, you did not recognise the sleeping man"

"але, о Говінда, ти не впізнав сплячого"

Govinda was astonished, as if he had been the object of a magic spell

Говінда був здивований, ніби він був об'єктом магічного заклинання

the monk looked into the ferryman's eyes

Чернець подивився в очі паромщику

"Are you Siddhartha?" he asked with a timid voice

«Ти Сіддхартха?» — запитав він боязким голосом

"I wouldn't have recognised you this time either!"

- Я б не впізнав тебе і цього разу!

"from my heart, I'm greeting you, Siddhartha"

"Від щирого серця вітаю тебе, Сіддхартха"

"from my heart, I'm happy to see you once again!"

"Від щирого серця я радий бачити тебе ще раз!"

"You've changed a lot, my friend"

"Ти дуже змінився, друже"

"and you've now become a ferryman?"

- А ти тепер став перевізником?

In a friendly manner, Siddhartha laughed

По-дружньому Сіддхартха засміявся

"yes, I am a ferryman"

"Так, я перевізник"

"Many people, Govinda, have to change a lot"

«Багато людей, Говінда, повинні багато чого змінити»

"they have to wear many robes"

«Вони повинні носити багато мантій»

"I am one of those who had to change a lot"
«Я один з тих, кому довелося багато чого змінити»
"Be welcome, Govinda, and spend the night in my hut"
"Ласкаво просимо, Говінда, і ночуй у моїй хатині"
Govinda stayed the night in the hut
Говінда залишився ночувати в хатині
he slept on the bed which used to be Vasudeva's bed
він спав на ліжку, яке раніше було ліжком Васудева
he posed many questions to the friend of his youth
Він поставив багато питань другові своєї юності
Siddhartha had to tell him many things from his life
Сіддхартха повинен був розповісти йому багато речей зі свого життя

then the next morning came
Потім настав наступний ранок
the time had come to start the day's journey
Настав час почати денну подорож
without hesitation, Govinda asked one more question
Не роздумуючи, Говінда поставив ще одне запитання
"Before I continue on my path, Siddhartha, permit me to ask one more question"
"Перш ніж я продовжу свій шлях, Сіддхартха, дозвольте мені поставити ще одне запитання"
"Do you have a teaching that guides you?"
"Чи є у вас вчення, яке скеровує вас?"
"Do you have a faith or a knowledge you follow"
"Чи є у вас віра чи знання, за якими ви слідуєте"
"is there a knowledge which helps you to live and do right?"
"Чи є знання, яке допомагає вам жити і чинити правильно?"
"You know well, my dear, I have always been distrustful of teachers"
«Ти добре знаєш, моя рідна, я завжди з недовірою ставився до вчителів»
"as a young man I already started to doubt teachers"
«У молодості я вже почав сумніватися в учителях»

"when we lived with the penitents in the forest, I distrusted their teachings"

"коли ми жили з каянниками в лісі, я не довіряв їхнім вченням"

"and I turned my back to them"

"і я повернувся до них спиною"

"I have remained distrustful of teachers"

«Я залишився недовірливим до вчителів»

"Nevertheless, I have had many teachers since then"

«Тим не менш, з тих пір у мене було багато вчителів»

"A beautiful courtesan has been my teacher for a long time"

«Прекрасна куртизанка довгий час була моєю вчителькою»

"a rich merchant was my teacher"

«Багатий купець був моїм учителем»

"and some gamblers with dice taught me"

«А деякі азартні гравці з кістками навчили мене»

"Once, even a follower of Buddha has been my teacher"

«Колись навіть послідовник Будди був моїм учителем»

"he was travelling on foot, pilgering"

"Він їхав пішки, грабував"

"and he sat with me when I had fallen asleep in the forest"

"і він сидів зі мною, коли я заснув у лісі"

"I've also learned from him, for which I'm very grateful"

«Я також навчився у нього, за що дуже вдячний»

"But most of all, I have learned from this river"

«Але найбільше я навчився з цієї річки»

"and I have learned most from my predecessor, the ferryman Vasudeva"

"і найбільше я навчився від мого попередника, перевізника Васудева"

"He was a very simple person, Vasudeva, he was no thinker"

«Він був дуже простою людиною, Васудева, він не був мислителем»

"but he knew what is necessary just as well as Gotama"

"але він знав, що потрібно, так само добре, як і Готама"

"he was a perfect man, a saint"

"Він був досконалою людиною, святим"
"Siddhartha still loves to mock people, it seems to me"
«Сіддхартха все ще любить знущатися над людьми, мені здається»
"I believe in you and I know that you haven't followed a teacher"
"Я вірю в тебе і знаю, що ти не пішов за вчителем"
"But haven't you found something by yourself?"
- Але хіба ти не знайшов щось сам?
"though you've found no teachings, you still found certain thoughts"
"Хоча ви не знайшли вчень, ви все одно знайшли певні думки"
"certain insights, which are your own"
"Певні інсайти, які є вашими власними"
"insights which help you to live"
"Інсайти, які допомагають вам жити"
"Haven't you found something like this?"
- Хіба ти не знайшов чогось подібного?
"If you would like to tell me, you would delight my heart"
"Якби ти хотів сказати мені, ти б порадував моє серце"
"you are right, I have had thoughts and gained many insights"
"Ви маєте рацію, у мене були думки і я отримав багато ідей"
"Sometimes I have felt knowledge in me for an hour"
"Іноді я відчував знання в собі протягом години"
"at other times I have felt knowledge in me for an entire day"
"в інший час я відчував знання в собі цілий день"
"the same knowledge one feels when one feels life in one's heart"
"Те саме знання, яке відчуваєш, коли відчуваєш життя у своєму серці"
"There have been many thoughts"
"Було багато думок"
"but it would be hard for me to convey these thoughts to

you"
- Але мені було б важко донести до вас ці думки»
"my dear Govinda, this is one of my thoughts which I have found"
"Моя дорога Говінда, це одна з моїх думок, яку я знайшов"
"wisdom cannot be passed on"
"Мудрість не може передатися"
"Wisdom which a wise man tries to pass on always sounds like foolishness"
«Мудрість, яку мудра людина намагається передати, завжди звучить як дурість»
"Are you kidding?" asked Govinda
"Ти жартуєш?" - запитав Говінда
"I'm not kidding, I'm telling you what I have found"
«Я не жартую, я розповідаю вам, що знайшов»
"Knowledge can be conveyed, but wisdom can't"
«Знання можна передати, а мудрість – ні»
"wisdom can be found, it can be lived"
«Мудрість можна знайти, нею можна жити»
"it is possible to be carried by wisdom"
"Мудрістю можна нести"
"miracles can be performed with wisdom"
"Чудеса можна творити мудрістю"
"but wisdom cannot be expressed in words or taught"
"Але мудрість не може бути виражена словами або навчена"
"This was what I sometimes suspected, even as a young man"
"Це було те, про що я іноді підозрював, навіть будучи молодим чоловіком"
"this is what has driven me away from the teachers"
«Це те, що відштовхнуло мене від вчителів»
"I have found a thought which you'll regard as foolishness"
"Я знайшов думку, яку ви розцінете як дурість"
"but this thought has been my best"
"Але ця думка була моєю найкращою"
"The opposite of every truth is just as true!"

«Протилежність будь-якої істини так само істинна!»
"any truth can only be expressed when it is one-sided"
«Будь-яка істина може бути виражена тільки тоді, коли вона одностороння»
"only one sided things can be put into words"
«Тільки односторонні речі можна передати словами»
"Everything which can be thought is one-sided"
«Все, що можна думати, є однобоким»
"it's all one-sided, so it's just one half"
«Це все односторонньо, так що це всього лише одна половина»
"it all lacks completeness, roundness, and oneness"
"Всьому цьому не вистачає повноти, округлості та єдності"
"the exalted Gotama spoke in his teachings of the world"
"піднесений Готама говорив у своїх вченнях світу"
"but he had to divide the world into Sansara and Nirvana"
«але він повинен був розділити світ на Сансару і Нірвану»
"he had divided the world into deception and truth"
«Він розділив світ на обман і правду»
"he had divided the world into suffering and salvation"
"Він розділив світ на страждання і спасіння"
"the world cannot be explained any other way"
«Світ не можна пояснити по-іншому»
"there is no other way to explain it, for those who want to teach"
«Немає іншого способу пояснити це для тих, хто хоче навчати»
"But the world itself is never one-sided"
«Але сам світ ніколи не буває однобоким»
"the world exists around us and inside of us"
«Світ існує навколо нас і всередині нас»
"A person or an act is never entirely Sansara or entirely Nirvana"
"Людина або вчинок ніколи не є повністю сансарою або повністю нірваною"
"a person is never entirely holy or entirely sinful"
«Людина ніколи не буває повністю святою або повністю

грішною»
"It seems like the world can be divided into these opposites"
«Здається, що світ можна розділити на ці протилежності»
"but that's because we are subject to deception"
«Але це тому, що ми схильні до обману»
"it's as if the deception was something real"
«Ніби обман був чимось реальним»
"Time is not real, Govinda"
"Час не реальний, Говінда"
"I have experienced this often and often again"
"Я відчував це часто і знову знову"
"when time is not real, the gap between the world and the eternity is also a deception"
«Коли час не реальний, розрив між світом і вічністю також є обманом»
"the gap between suffering and blissfulness is not real"
"Розрив між стражданням і блаженством не реальний"
"there is no gap between evil and good"
«Немає прірви між злом і добром»
"all of these gaps are deceptions"
«Всі ці прогалини – обман»
"but these gaps appear to us nonetheless"
«Але ці прогалини з'являються у нас, тим не менш»
"How come?" asked Govinda timidly
«Чому?» — боязко запитав Говінда
"Listen well, my dear," answered Siddhartha
— Слухай добре, мій любий, — відповів Сіддхартха
"The sinner, which I am and which you are, is a sinner"
"Грішник, який я є і який ти є, грішник"
"but in times to come the sinner will be Brahma again"
«але в прийдешні часи грішник знову буде Брахмою»
"he will reach the Nirvana and be Buddha"
«він досягне нірвани і стане Буддою»
"the times to come are a deception"
"Прийдешні часи - це обман"
"the times to come are only a parable!"
"Прийдешні часи - це лише притча!"

"The sinner is not on his way to become a Buddha"
«Грішник не на шляху до того, щоб стати Буддою»
"he is not in the process of developing"
«Він не в процесі розвитку»
"our capacity for thinking does not know how else to picture these things"
"Наша здатність мислити не знає, як інакше уявити ці речі"
"No, within the sinner there already is the future Buddha"
«Ні, всередині грішника вже є майбутній Будда»
"his future is already all there"
«Його майбутнє вже все там»
"you have to worship the Buddha in the sinner"
"ви повинні поклонятися Будді в грішнику"
"you have to worship the Buddha hidden in everyone"
«Ви повинні поклонятися Будді, прихованому в кожному»
"the hidden Buddha which is coming into being the possible"
"прихований Будда, який стає можливим"
"The world, my friend Govinda, is not imperfect"
«Світ, друже мій Говінда, не досконалий»
"the world is on no slow path towards perfection"
"Світ не йде повільним шляхом до досконалості"
"no, the world is perfect in every moment"
"Ні, світ досконалий у кожну мить"
"all sin already carries the divine forgiveness in itself"
«Всякий гріх вже несе в собі божественне прощення»
"all small children already have the old person in themselves"
«Всі маленькі діти вже мають в собі старого»
"all infants already have death in them"
«У всіх немовлят вже є смерть»
"all dying people have the eternal life"
«Усі вмираючі люди мають вічне життя»
"we can't see how far another one has already progressed on his path"
«Ми не бачимо, як далеко інший вже просунувся на

своєму шляху»
"in the robber and dice-gambler, the Buddha is waiting"
«в розбійнику і гравцеві в кості чекає Будда»
"in the Brahman, the robber is waiting"
«в Брахмані чекає розбійник»
"in deep meditation, there is the possibility to put time out of existence"
«У глибокій медитації є можливість вивести час з існування»
"there is the possibility to see all life simultaneously"
«Є можливість бачити все живе одночасно»
"it is possible to see all life which was, is, and will be"
"Можна побачити все живе, яке було, є і буде"
"and there everything is good, perfect, and Brahman"
"і там все добре, досконале і Брахман"
"Therefore, I see whatever exists as good"
«Тому я бачу все, що існує, як добре»
"death is to me like life"
"Смерть для мене подібна до життя"
"to me sin is like holiness"
"Для мене гріх подібний до святості"
"wisdom can be like foolishness"
"Мудрість може бути схожа на дурість"
"everything has to be as it is"
«Все має бути так, як є»
"everything only requires my consent and willingness"
«Все вимагає лише моєї згоди та бажання»
"all that my view requires is my loving agreement to be good for me"
"Все, чого вимагає мій погляд, - це моя любляча згода бути добрим для мене"
"my view has to do nothing but work for my benefit"
"Мій погляд не повинен нічого робити, крім роботи на мою користь"
"and then my perception is unable to ever harm me"
«І тоді моє сприйняття ніколи не може мені нашкодити»
"I have experienced that I needed sin very much"

"Я відчув, що мені дуже потрібен гріх"
"I have experienced this in my body and in my soul"
"Я відчув це в своєму тілі і в душі"
"I needed lust, the desire for possessions, and vanity"
"Мені потрібні були пожадливість, прагнення до майна і марнославство"
"and I needed the most shameful despair"
«І мені потрібен був найганебніший відчай»
"in order to learn how to give up all resistance"
«Для того, щоб навчитися відмовлятися від будь-якого опору»
"in order to learn how to love the world"
"Для того, щоб навчитися любити світ"
"in order to stop comparing things to some world I wished for"
"для того, щоб перестати порівнювати речі з якимось світом, якого я хотів"
"I imagined some kind of perfection I had made up"
"Я уявляв собі якусь досконалість, яку вигадав"
"but I have learned to leave the world as it is"
"але я навчився залишати світ таким, яким він є"
"I have learned to love the world as it is"
"Я навчився любити світ таким, яким він є"
"and I learned to enjoy being a part of it"
"і я навчився насолоджуватися тим, що є частиною цього"
"These, oh Govinda, are some of the thoughts which have come into my mind"
"Це, о Говінда, деякі думки, які прийшли мені в голову"

Siddhartha bent down and picked up a stone from the ground
Сіддхартха нахилився і підняв із землі камінь
he weighed the stone in his hand
Він зважив камінь у руці
"This here," he said playing with the rock, "is a stone"
"Це тут, - сказав він, граючи зі скелею, - камінь"
"this stone will, after a certain time, perhaps turn into soil"

«Цей камінь через певний час, можливо, перетвориться на
ґрунт»
"it will turn from soil into a plant or animal or human being"
«Вона перетвориться з ґрунту на рослину, тварину чи
людину»
"In the past, I would have said this stone is just a stone"
"У минулому я б сказав, що цей камінь - просто камінь"
"I might have said it is worthless"
"Я міг би сказати, що це нічого не варто"
"I would have told you this stone belongs to the world of the Maya"
«Я б сказав вам, що цей камінь належить світу майя»
"but I wouldn't have seen that it has importance"
"Але я б не побачив, що це має значення"
"it might be able to become a spirit in the cycle of transformations"
«Можливо, вона зможе стати духом у циклі трансформацій»
"therefore I also grant it importance"
"тому я також надаю йому важливості"
"Thus, I would perhaps have thought in the past"
"Таким чином, я, мабуть, подумав би в минулому"
"But today I think differently about the stone"
«Але сьогодні я по-іншому думаю про камінь»
"this stone is a stone, and it is also animal, god, and Buddha"
"Цей камінь - камінь, і це також тварина, бог і Будда"
"I do not venerate and love it because it could turn into this or that"
«Я не шаную і не люблю його, тому що це може перетворитися на те чи інше»
"I love it because it is those things"
"Я люблю це, тому що це такі речі"
"this stone is already everything"
«Цей камінь вже все»
"it appears to me now and today as a stone"
"Це здається мені зараз і сьогодні, як камінь"
"that is why I love this"

"ось чому я люблю це"
"that is why I see worth and purpose in each of its veins and cavities"
"ось чому я бачу цінність і мету в кожній з його вен і порожнин"
"I see value in its yellow, gray, and hardness"
"Я бачу цінність у його жовтому, сірому та твердому кольорі"
"I appreciated the sound it makes when I knock at it"
"Я оцінив звук, який він видає, коли я стукаю в нього"
"I love the dryness or wetness of its surface"
«Я люблю сухість або вологість його поверхні»
"There are stones which feel like oil or soap"
"Є камені, які схожі на олію або мило"
"and other stones feel like leaves or sand"
«А інші камені схожі на листя або пісок»
"and every stone is special and prays the Om in its own way"
"і кожен камінь особливий і молиться Ом по-своєму"
"each stone is Brahman"
"кожен камінь - Брахман"
"but simultaneously, and just as much, it is a stone"
«Але одночасно, і так само сильно, це камінь»
"it is a stone regardless of whether it's oily or juicy"
"Це камінь, незалежно від того, маслянистий він чи соковитий"
"and this why I like and regard this stone"
"І ось чому я люблю і поважаю цей камінь"
"it is wonderful and worthy of worship"
"Це чудово і гідно поклоніння"
"But let me speak no more of this"
"Але дозвольте мені більше не говорити про це"
"words are not good for transmitting the secret meaning"
"Слова не годяться для передачі таємного сенсу"
"everything always becomes a bit different, as soon as it is put into words"
«Все завжди стає трохи іншим, як тільки це перетворюється на слова»

"everything gets distorted a little by words"
«Все трохи спотворюється словами»
"and then the explanation becomes a bit silly"
«І тоді пояснення стає трохи дурним»
"yes, and this is also very good, and I like it a lot"
- Так, і це теж дуже добре, і мені це дуже подобається»
"I also very much agree with this"
«Я теж дуже згоден з цим»
"one man's treasure and wisdom always sounds like foolishness to another person"
"Скарб і мудрість однієї людини завжди звучить як дурість для іншої"
Govinda listened silently to what Siddhartha was saying
Говінда мовчки слухав, що говорив Сіддхартха
there was a pause and Govinda hesitantly asked a question
настала пауза, і Говінда нерішуче поставив запитання
"Why have you told me this about the stone?"
— Навіщо ти мені це розповів про камінь?
"I did it without any specific intention"
«Я зробив це без будь-якого конкретного наміру»
"perhaps what I meant was, that I love this stone and the river"
"Можливо, я мав на увазі, що люблю цей камінь і річку"
"and I love all these things we are looking at"
"І я люблю всі ці речі, на які ми дивимося"
"and we can learn from all these things"
"І ми можемо вчитися з усього цього"
"I can love a stone, Govinda"
"Я можу любити камінь, Говінда"
"and I can also love a tree or a piece of bark"
"і я також можу любити дерево або шматок кори"
"These are things, and things can be loved"
"Це речі, і речі можна любити"
"but I cannot love words"
"але я не можу любити слова"
"therefore, teachings are no good for me"
"Отже, вчення не корисні для мене"

"teachings have no hardness, softness, colours, edges, smell, or taste"
"Вчення не мають твердості, м'якості, кольорів, країв, запаху чи смаку"
"teachings have nothing but words"
"У вченнях немає нічого, крім слів"
"perhaps it is words which keep you from finding peace"
"Можливо, це слова, які заважають вам знайти спокій"
"because salvation and virtue are mere words"
"Тому що спасіння і чеснота - це лише слова"
"Sansara and Nirvana are also just mere words, Govinda"
"Сансара і Нірвана - це також просто слова, Говінда"
"there is no thing which would be Nirvana"
"немає нічого, що було б нірваною"
"therefor Nirvana is just the word"
"Тому нірвана - це лише слово"
Govinda objected, "Nirvana is not just a word, my friend"
Говінда заперечив: "Нірвана - це не просто слово, друже"
"Nirvana is a word, but also it is a thought"
"Нірвана - це слово, але також це думка"
Siddhartha continued, "it might be a thought"
Сіддхартха продовжував: «Це може бути думка»
"I must confess, I don't differentiate much between thoughts and words"
«Мушу зізнатися, я не дуже розрізняю думки і слова»
"to be honest, I also have no high opinion of thoughts"
«Якщо чесно, у мене теж немає високої думки про думки»
"I have a better opinion of things than thoughts"
"У мене краща думка про речі, ніж думки"
"Here on this ferry-boat, for instance, a man has been my predecessor"
«Тут, на цьому поромі, наприклад, чоловік був моїм попередником»
"he was also one of my teachers"
"Він також був одним з моїх вчителів"
"a holy man, who has for many years simply believed in the river"

«Свята людина, яка багато років просто вірила в річку»
"and he believed in nothing else"
"І він більше ні в що не вірив"
"He had noticed that the river spoke to him"
"Він помітив, що річка говорить з ним"
"he learned from the river"
"Він навчився з річки"
"the river educated and taught him"
"Річка виховала і навчила його"
"the river seemed to be a god to him"
«Річка здавалася йому богом»
"for many years he did not know that everything was as divine as the river"
«Багато років він не знав, що все божественно, як ріка»
"the wind, every cloud, every bird, every beetle"
"Вітер, кожна хмара, кожен птах, кожен жук"
"they can teach just as much as the river"
«Вони можуть навчити так само багато, як і річка»
"But when this holy man went into the forests, he knew everything"
«Але коли цей святий чоловік пішов у ліси, він знав усе»
"he knew more than you and me, without teachers or books"
«Він знав більше, ніж ми з вами, без вчителів і книг»
"he knew more than us only because he had believed in the river"
«Він знав більше за нас тільки тому, що вірив у річку»

Govinda still had doubts and questions
Говінда все ще мав сумніви та запитання
"But is that what you call things actually something real?"
"Але чи це те, що ви називаєте речами, насправді чимось реальним?"
"do these things have existence?"
"Чи існують ці речі?"
"Isn't it just a deception of the Maya"
"Хіба це не просто обман майя"
"aren't all these things an image and illusion?"

"Хіба все це не образ та ілюзія?"
"Your stone, your tree, your river"
"Твій камінь, твоє дерево, твоя ріка"
"are they actually a reality?"
"Чи є вони насправді реальністю?"
"This too," spoke Siddhartha, "I do not care very much about"
«Це теж, — сказав Сіддхартха, — мене це не дуже хвилює»
"Let the things be illusions or not"
"Нехай речі будуть ілюзіями чи ні"
"after all, I would then also be an illusion"
«Зрештою, я б тоді теж був ілюзією»
"and if these things are illusions then they are like me"
«І якщо це ілюзії, то вони схожі на мене»
"This is what makes them so dear and worthy of veneration for me"
«Саме це робить їх такими дорогими і гідними шанування для мене»
"these things are like me and that is how I can love them"
"ці речі схожі на мене, і саме так я можу любити їх"
"this is a teaching you will laugh about"
"Це вчення, над яким ви будете сміятися"
"love, oh Govinda, seems to me to be the most important thing of all"
"Любов, о Говінда, здається мені найважливішою річчю з усіх"
"to thoroughly understand the world may be what great thinkers do"
"Досконале розуміння світу може бути тим, що роблять великі мислителі"
"they explain the world and despise it"
«Вони пояснюють світ і зневажають його»
"But I'm only interested in being able to love the world"
«Але мене цікавить тільки можливість любити світ»
"I am not interested in despising the world"
«Мені не цікаво зневажати світ»
"I don't want to hate the world"

"and I don't want the world to hate me"
«Я не хочу ненавидіти світ»
«І я не хочу, щоб світ мене ненавидів»
"I want to be able to look upon the world and myself with love"
«Я хочу мати можливість дивитися на світ і на себе з любов'ю»
"I want to look upon all beings with admiration"
"Я хочу дивитися на всі істоти із захопленням"
"I want to have a great respect for everything"
«Я хочу з великою повагою ставитися до всього»
"This I understand," spoke Govinda
— Це я розумію, — промовив Говінда
"But this very thing was discovered by the exalted one to be a deception"
"Але саме це було виявлено піднесеним як обман"
"He commands benevolence, clemency, sympathy, tolerance"
"Він наказує доброзичливість, помилування, співчуття, терпимість"
"but he does not command love"
"Але він не наказує любити"
"he forbade us to tie our heart in love to earthly things"
«Він заборонив нам прив'язувати своє серце в любові до земного»
"I know it, Govinda," said Siddhartha, and his smile shone golden
— Я знаю це, Говінда, — сказав Сіддхартха, і його посмішка засяяла золотом
"And behold, with this we are right in the thicket of opinions"
"І ось, з цим ми знаходимося прямо в гущавині думок"
"now we are in the dispute about words"
«Тепер ми в суперечці про слова»
"For I cannot deny, my words of love are a contradiction"
"Бо я не можу заперечувати, мої слова любові - це протиріччя"
"they seem to be in contradiction with Gotama's words"

«вони, здається, суперечать словам Готами»
"For this very reason, I distrust words so much"
«Саме тому я так не довіряю словам»
"because I know this contradiction is a deception"
«Тому що я знаю, що це протиріччя є обманом»
"I know that I am in agreement with Gotama"
"Я знаю, що я згоден з Готамою"
"How could he not know love when he has discovered all elements of human existence"
«Як він міг не пізнати любові, коли відкрив усі елементи людського існування»
"he has discovered their transitoriness and their meaninglessness"
"Він виявив їхню минущість і безглуздість"
"and yet he loved people very much"
«І все ж він дуже любив людей»
"he used a long, laborious life only to help and teach them!"
"Він використовував довге, трудомістке життя лише для того, щоб допомогти і навчити їх!"
"Even with your great teacher, I prefer things over the words"
"Навіть з вашим чудовим учителем я віддаю перевагу речам, а не словам"
"I place more importance on his acts and life than on his speeches"
"Я надаю більше значення його вчинкам і життю, ніж його промовам"
"I value the gestures of his hand more than his opinions"
«Я ціную жести його руки більше, ніж його думки»
"for me there was nothing in his speech and thoughts"
«Для мене нічого не було в його мові і думках»
"I see his greatness only in his actions and in his life"
«Я бачу його велич тільки в його вчинках і в його житті»

For a long time, the two old men said nothing
Довгий час двоє старих нічого не говорили
Then Govinda spoke, while bowing for a farewell
Потім заговорив Говінда, кланяючись на прощання
"I thank you, Siddhartha, for telling me some of your thoughts"
"Я дякую тобі, Сіддхартха, за те, що ти розповів мені деякі свої думки"
"These thoughts are partially strange to me"
«Ці думки мені частково дивні»
"not all of these thoughts have been instantly understandable to me"
"Не всі ці думки були миттєво зрозумілі мені"
"This being as it may, I thank you"
"Як би там не було, я дякую вам"
"and I wish you to have calm days"
"і бажаю вам спокійних днів"
But secretly he thought something else to himself
Але потай він думав про себе щось інше
"This Siddhartha is a bizarre person"
«Цей Сіддхартха - химерна людина»
"he expresses bizarre thoughts"
«Він висловлює химерні думки»
"his teachings sound foolish"
"Його вчення звучать безглуздо"
"the exalted one's pure teachings sound very different"
"Чисті вчення піднесеної людини звучать зовсім по-іншому"
"those teachings are clearer, purer, more comprehensible"
"Ті вчення ясніші, чистіші, зрозуміліші"
"there is nothing strange, foolish, or silly in those teachings"
"У цих вченнях немає нічого дивного, безглуздого чи дурного"
"But Siddhartha's hands seemed different from his thoughts"
«Але руки Сіддхартхи, здавалося, відрізнялися від його думок»

"his feet, his eyes, his forehead, his breath"
"Його ноги, його очі, його чоло, його дихання"
"his smile, his greeting, his walk"
"Його посмішка, його привітання, його прогулянка"
"I haven't met another man like him since Gotama became one with the Nirvana"
"Я не зустрічав іншого чоловіка, подібного до нього, з тих пір, як Готама став одним цілим з нірваною"
"since then I haven't felt the presence of a holy man"
"З тих пір я не відчував присутності святої людини"
"I have only found Siddhartha, who is like this"
«Я знайшов тільки Сіддхартху, який такий»
"his teachings may be strange and his words may sound foolish"
"Його вчення можуть бути дивними, а його слова можуть звучати безглуздо"
"but purity shines out of his gaze and hand"
"Але чистота сяє з його погляду і руки"
"his skin and his hair radiates purity"
"Його шкіра і волосся випромінюють чистоту"
"purity shines out of every part of him"
"Чистота сяє з кожної його частини"
"a calmness, cheerfulness, mildness and holiness shines from him"
"Від нього сяє спокій, життєрадісність, м'якість і святість"
"something which I have seen in no other person"
"те, чого я не бачив у жодній іншій людині"
"I have not seen it since the final death of our exalted teacher"
"Я не бачив цього з моменту остаточної смерті нашого піднесеного вчителя"
While Govinda thought like this, there was a conflict in his heart
Поки Говінда так думав, в його серці виник конфлікт
he once again bowed to Siddhartha
він ще раз вклонився Сіддхартхі
he felt he was drawn forward by love

Він відчував, що його тягне вперед любов
he bowed deeply to him who was calmly sitting
Він глибоко вклонився тому, хто спокійно сидів
"Siddhartha," he spoke, "we have become old men"
"Сіддхартха, — сказав він, — ми стали старими"
"It is unlikely for one of us to see the other again in this incarnation"
«Навряд чи один з нас знову побачить іншого в цьому втіленні»
"I see, beloved, that you have found peace"
"Я бачу, коханий, що ти знайшов спокій"
"I confess that I haven't found it"
«Зізнаюся, що не знайшов»
"Tell me, oh honourable one, one more word"
"Скажи мені, о шановний, ще одне слово"
"give me something on my way which I can grasp"
"Дайте мені на моєму шляху щось, що я можу осягнути"
"give me something which I can understand!"
"Дайте мені щось, що я можу зрозуміти!"
"give me something I can take with me on my path"
"Дай мені щось, що я можу взяти з собою на свій шлях"
"my path is often hard and dark, Siddhartha"
"Мій шлях часто важкий і темний, Сіддхартха"
Siddhartha said nothing and looked at him
Сіддхартха нічого не сказав і подивився на нього
he looked at him with his ever unchanged, quiet smile
Він дивився на нього своєю незмінною, тихою посмішкою
Govinda stared at his face with fear
Говінда з острахом дивився на його обличчя
there was yearning and suffering in his eyes
В його очах була туга і страждання
the eternal search was visible in his look
У Його погляді було видно вічний пошук
you could see his eternal inability to find
Ви могли бачити Його вічну нездатність знайти
Siddhartha saw it and smiled
Сіддхартха побачив це і посміхнувся

"Bend down to me!" he whispered quietly in Govinda's ear
«Нахиліться до мене!» — тихо прошепотів він на вухо Говінді
"Like this, and come even closer!"
- Ось так, і підійди ще ближче!
"Kiss my forehead, Govinda!"
"Поцілуй мене в лоб, Говінда!"
Govinda was astonished, but drawn on by great love and expectation
Говінда був здивований, але його приваблювала велика любов і очікування
he obeyed his words and bent down closely to him
Він послухався його слів і нахилився до нього
and he touched his forehead with his lips
і він торкнувся губами чола
when he did this, something miraculous happened to him
Коли він це зробив, з ним сталося щось чудесне
his thoughts were still dwelling on Siddhartha's wondrous words
його думки все ще зосереджувалися на дивовижних словах Сіддхартхи
he was still reluctantly struggling to think away time
Він все ще неохоче намагався продумати час
he was still trying to imagine Nirvana and Sansara as one
він все ще намагався уявити собі Нірвану і Сансару як одне ціле
there was still a certain contempt for the words of his friend
Все ще було якесь презирство до слів його друга
those words were still fighting in him
Ці слова все ще билися в ньому
those words were still fighting against an immense love and veneration
Ці слова все ще боролися проти величезної любові і шанування
and during all these thoughts, something else happened to him
І під час всіх цих думок з ним сталося ще щось

He no longer saw the face of his friend Siddhartha
Він більше не бачив обличчя свого друга Сіддхартхи
instead of Siddhartha's face, he saw other faces
замість обличчя Сіддхартхи він побачив інші обличчя
he saw a long sequence of faces
Він побачив довгу послідовність облич
he saw a flowing river of faces
Він побачив повноводну ріку облич
hundreds and thousands of faces, which all came and disappeared
Сотні і тисячі облич, які всі приходили і зникали
and yet they all seemed to be there simultaneously
І все ж всі вони, здавалося, були там одночасно
they constantly changed and renewed themselves
Вони постійно змінювалися і оновлювалися
they were themselves and they were still all Siddhartha's face
вони були самими собою, і всі вони все ще були обличчям Сіддхартхи
he saw the face of a fish with an infinitely painfully opened mouth
Він побачив обличчя риби з нескінченно болісно відкритою пащею
the face of a dying fish, with fading eyes
морда вмираючої риби, з згасаючими очима
he saw the face of a new-born child, red and full of wrinkles
Він побачив обличчя новонародженої дитини, червоне і повне зморшок
it was distorted from crying
Він був спотворений від плачу
he saw the face of a murderer
Він побачив обличчя вбивці
he saw him plunging a knife into the body of another person
Він бачив, як він встромляв ніж в тіло іншої людини
he saw, in the same moment, this criminal in bondage
У ту ж мить він побачив цього злочинця в рабстві

he saw him kneeling before a crowd
Він побачив, як він стояв на колінах перед натовпом
and he saw his head being chopped off by the executioner
і він побачив, як кат відрубав йому голову
he saw the bodies of men and women
Він бачив тіла чоловіків і жінок
they were naked in positions and cramps of frenzied love
Вони були голі в позах і судомах шаленої любові
he saw corpses stretched out, motionless, cold, void
Він бачив трупи витягнуті, нерухомі, холодні, порожнечі
he saw the heads of animals
Він бачив голови тварин
heads of boars, of crocodiles, and of elephants
голови кабанів, крокодилів і слонів
he saw the heads of bulls and of birds
Він бачив голови биків і птахів
he saw gods; Krishna and Agni
Він бачив богів; Крішна та Агні
he saw all of these figures and faces in a thousand relationships with one another
Він бачив усі ці фігури та обличчя в тисячах стосунків один з одним
each figure was helping the other
Кожна фігура допомагала іншій
each figure was loving their relationship
Кожна фігура любила свої стосунки
each figure was hating their relationship, destroying it
Кожна фігура ненавиділа свої стосунки, руйнувала їх
and each figure was giving re-birth to their relationship
І кожна фігура заново народжувала їхні стосунки
each figure was a will to die
Кожна фігура була волею до смерті
they were passionately painful confessions of transitoriness
Це були пристрасно болісні визнання минущості
and yet none of them died, each one only transformed
І все ж ніхто з них не помер, кожен тільки змінився
they were always reborn and received more and more new

faces
Вони завжди відроджувалися і отримували все нові і нові обличчя
no time passed between the one face and the other
Між одним обличчям і іншим не проходило часу
all of these figures and faces rested
Всі ці постаті і обличчя відпочивали
they flowed and generated themselves
Вони текли і генерували себе
they floated along and merged with each other
Вони пливли уздовж і зливалися один з одним
and they were all constantly covered by something thin
І всі вони постійно були покриті чимось тонким
they had no individuality of their own
У них не було власної індивідуальності
but yet they were existing
Але все ж вони існували
they were like a thin glass or ice
Вони були схожі на тонкий стакан або лід
they were like a transparent skin
Вони були схожі на прозору шкіру
they were like a shell or mould or mask of water
Вони були схожі на раковину, цвіль або маску з водою
and this mask was smiling
І ця маска посміхалася
and this mask was Siddhartha's smiling face
і ця маска була усміхненим обличчям Сіддхартхи
the mask which Govinda was touching with his lips
маска, до якої Говінда торкався губами
And, Govinda saw it like this
І Говінда бачив це так
the smile of the mask
посмішка маски
the smile of oneness above the flowing forms
посмішка єдності над плавними формами
the smile of simultaneousness above the thousand births and deaths

Посмішка одночасності над тисячею народжень і смертей
the smile of Siddhartha's was precisely the same
посмішка Сіддхартхи була точно такою ж
Siddhartha's smile was the same as the quiet smile of Gotama, the Buddha
Посмішка Сіддхартхи була такою ж, як тиха посмішка Готами, Будди
it was delicate and impenetrable smile
Це була ніжна і непроникна посмішка
perhaps it was benevolent and mocking, and wise
Можливо, це було доброзичливо і глузливо, і мудро
the thousand-fold smile of Gotama, the Buddha
тисячократна посмішка Готами, Будди
as he had seen it himself with great respect a hundred times
як він бачив це сам з великою повагою сто разів
Like this, Govinda knew, the perfected ones are smiling
Ось так, знав Говінда, досконалі посміхаються
he did not know anymore whether time existed
Він більше не знав, чи існує час
he did not know whether the vision had lasted a second or a hundred years
Він не знав, чи видіння тривало секунду, чи сто років
he did not know whether a Siddhartha or a Gotama existed
він не знав, чи існує Сіддхартха чи Готама
he did not know if a me or a you existed
Він не знав, чи існує я чи ти
he felt in his as if he had been wounded by a divine arrow
Він відчував у собі, ніби його поранила божественна стріла
the arrow pierced his innermost self
Стріла пронизала його найпотаємніше «я»
the injury of the divine arrow tasted sweet
Поранення божественної стріли було солодким на смак
Govinda was enchanted and dissolved in his innermost self
Говінда був зачарований і розчинений у своєму найпотаємнішому «я»
he stood still for a little while
Він трохи завмер

he bent over Siddhartha's quiet face, which he had just kissed
він нахилився над тихим обличчям Сіддхартхи, яке щойно поцілував
the face in which he had just seen the scene of all manifestations
обличчя, в якому він тільки що побачив сцену всіх проявів
the face of all transformations and all existence
обличчя всіх перетворень і всього існування
the face he was looking at was unchanged
Обличчя, на яке він дивився, було незмінним
under its surface, the depth of the thousand folds had closed up again
Під його поверхнею глибина тисячі складок знову зімкнулася
he smiled silently, quietly, and softly
Він посміхнувся мовчки, тихо і тихо
perhaps he smiled very benevolently and mockingly
Можливо, він посміхнувся дуже доброзичливо і глузливо
precisely this was how the exalted one smiled
Саме так посміхнувся піднесений
Deeply, Govinda bowed to Siddhartha
Глибоко Говінда вклонився Сіддхартхі
tears he knew nothing of ran down his old face
Сльози, про які він нічого не знав, текли по його старому обличчю
his tears burned like a fire of the most intimate love
Його сльози горіли, як вогонь найпотаємнішої любові
he felt the humblest veneration in his heart
Він відчував найсмиренніше шанування у своєму серці
Deeply, he bowed, touching the ground
Глибоко вклонився, торкаючись землі
he bowed before him who was sitting motionlessly
Він схилився перед тим, хто сидів нерухомо
his smile reminded him of everything he had ever loved in his life
Його посмішка нагадала йому все, що він коли-небудь

любив у своєму житті
his smile reminded him of everything in his life that he found valuable and holy
Його посмішка нагадувала йому про все в його житті, що він вважав цінним і святим

www.ingramcontent.com/pod-product-compliance
Lightning Source LLC
Chambersburg PA
CBHW012003090526
44590CB00026B/3844